AF489647

Mamá ¿Dónde Está Mi Papá?

La niña que lloró por su padre en el vientre de su madre.

Angélica de Paz

Angélica María de Paz
Verpaz Editorial
www.verpazeditorial.com
Tel: 7863745762
ISBN-9781708750565

"Y ustedes no han recibido un espíritu que los esclavice al miedo. En cambio, recibieron el Espíritu de Dios cuando él los adoptó como sus propios hijos. Ahora lo llamamos «Abba, Padre».

Pues su Espíritu se une a nuestro espíritu para confirmar que somos hijos de Dios."

Romanos 8:15-16 (NTV)

Dedicatoria:

Este libro se lo dedico a Dios porque Él no renunció a su lugar como mi Padre, siempre ha sido mi protector, ayudador en todo momento y quien sí cumplió su promesa de jamás abandonarme y nunca desampararme; tanto a mí como a mis hijos nos ha cuidado de una manera tan personal y sobrenatural que es por eso que hoy le digo: «gracias, Padre Celestial por tu fidelidad y tu misericordia que es nueva cada día».

Ebenezer

Angélica de Paz

Agradecimientos

Agradezco a Dios, primeramente por haberme guiado palabra por palabra para formar el contenido de este libro y poder demostrar que existe una manera de liberarse de toda atadura que el enemigo nos haya puesto.- Agradezco a mi amado esposo, Marco Vergara, por su apoyo en cada día que compartimos, él fue quien Dios puso en mi vida para poder mostrarme que sí se puede ser amada en el matrimonio bendecido por Dios.- Agradezco a mis hijos Christian, Misaí, Juan José y Carlos Ricardo por haber sido el motor de mi vida para romper cada obstáculo, con la ayuda de Dios, y porque cada uno de mis hijos han sido obedientes y se han convertido en excelentes padres y esposos en sus matrimonios, marcando así la diferencia y siendo padres presentes en la vida de mis nietos.

Angélica de Paz

ELOGIOS

Muchos de los problemas que enfrentamos hoy en día en nuestras vidas tienen su génesis en nuestras respectivas familias de origen. Los mandatos que nos impiden crecer y desarrollarnos, conforme al perfecto plan de Dios para nosotros, tienen un comienzo familiar y un desarrollo eminentemente transgeneracional que se remonta a nuestros padres, abuelos y ancestros más lejanos. No cabe duda de que somos el resultado emocional de ello y de toda la funcionalidad o disfuncionalidad del medio ambiente en que nos formamos; o sea, el resultado final de la herencia y de los modelos conductuales con los que crecimos.

Si básicamente fuéramos deterministas, las esperanzas de cambio cualitativo en nuestras vidas serían no más que una simple quimera o sueño irrealizable. Pero gracias damos a Dios porque se pueden desatar estas ligaduras de impiedad y romper cadenas de opresión a través de nuestro Señor Jesucristo y su sacrificio expiatorio en la cruz.

Este libro que tienes en tus manos es un buen ejemplo de esto último: una madre a punto de dar a luz a su hijita que viene formándose sin la importante figura paterna y quien pregunta desde el mismo vientre:

«Mamá, ¿dónde está mi papá?» Interro-gante emocionalmente dolorosa que tipifica la ansiedad por separación que sufren miles de niños que vienen a la vida en hogares altamente disfuncionales, fruto de la falta de madurez y el modelaje deficiente de padres que pasan de ser víctimas a victimarios de una forma inconsciente. Este libro siembra esperanza por ser una historia de triunfo real sobre el mal con un profundo mensaje de sanidad emocional y de libertad espiritual en Cristo Jesús. Gracias damos a Dios por haber inspirado a su autora, Angélica De Paz, a narrarnos una parte de su vida íntima y motivarnos, a través de su historia, a buscar y alcanzar una vida plena en Jesús nuestro Señor.

¡Bendiciones!

Pastor Daniel Hernández

Master en terapia familiar y de pareja

Introducción

Estimado lector, al abrir las páginas de este libro notarás que no se trata solamente de una historia de una hija que pregunta: «¡Mamá!, ¿dónde está mi papá?», sino que, conforme vayamos juntos de la mano en esta aventura de mis memorias, descubrirás que quizá tú también has tenido preguntas. Te invito a que te sumerjas en la profundidad de la lectura de este libro con el propósito de hacer los cambios que el Espíritu Santo te indique para que no sufras las consecuencias terribles a la que errores comunes nos pueden llevar.

Conforme vayamos entrando en la aventura de mi historia, descubrirás cómo —por cultura o por herencia— el ser humano es atado a una vida que es contraria al plan que Dios tiene para nosotros y para nuestra descendencia.

Comparto mi experiencia de vida y la de mi entorno, a través de las cuales Dios me mostró el porqué de las ataduras y cómo deshacerse de ellas, cómo poder vivir una vida plena y ser felices como hijos de Dios y con la identidad en Cristo Jesús.

A través de mi ejemplo vas a poder entender que con Dios podemos hacer todas las cosas; y que si tienes todo, pero no le tienes a Él, te falta lo más importante.

Te invito a explorar las páginas y encontrarás en ellas la clave para liberarte de ataduras y heridas de tu niñez; te encontrarás con ese niño que llevas dentro y que posiblemente encerraste al no encontrar las respuestas adecuadas a todas tus inquietudes.

Por qué escribí este libro:

En el transcurrir de mi vida superé obstáculos que se interpusieron desde antes de mi nacimiento, pero con el paso de los años entendí que jamás estuve sola.

En la actualidad muchas personas buscan medios de superación personal, y la mejor forma de poder encontrar ayuda para poder salir de sus circunstancias adversas, actualmente te presento mi vida como ejemplo.

Sea cual sea tu estado actual vas a aprender a ver más allá del mismo.

Como por ejemplo, en este momento de mi vida, mi   visualización es tener el tiempo necesario para poder ayudar a más personas en talleres de superación compartiendo la experiencia de mi propia vivencia, tener el tiempo de cuidar de mi familia y de mi jardín, seguir escribiendo palabras de bendición para todo lector, mientras tenga vida, servir al Señor en todo lo que Él demande de mí y esto es por agradecimiento de jamás olvidar de dónde Dios me sacó y la fuerza que me ha dado para salir adelante.- Y esto mismo es lo que quiero que tú también puedas vivir.

Cuando llegamos a los pies de Cristo nos convertimos en sus hijos, y hemos adquirido por fe aquella libertad con identidad en la cual no debemos permitir que nos quite las circunstancias de la vida, somos sus hijos, Él es nuestro Padre, nos llevó a la libertad al morir en aquella cruz, suelta toda atadura en tu vida y se libre y feliz sin voltear hacia atrás como lo hizo la mujer de Lot que por eso se privó de vivir y quedó convertida en estatua de sal, tú y yo somos hijos del Dios Altísimo de Jehová el Omnipotente, por lo tanto ¡somos herederos de Su reino que no tiene fin!

Indice

Capítulo 1

"El Primer Amor"

Como una rosa tierna

del viento en pétalos de flor

Como el rocío de la mañana sobre las hojas

Es comparar las caricias del primer amor
Dejando en mis recuerdos

las cosas más hermosas.

Todo comenzó aquel verano en aquella hermosa bahía donde soplaba una brisa refrescante que venía desde la orilla del mar, en donde muchos viajeros llegaban a pasar días de sol y playa, los niños jugueteaban con las pequeñas olas tranquilas y el sol se ponía sigilosamente dejando atrás un día de mucha aventura.

En ese mismo paraíso situado allá, en lo lejano, existía una adolescente bella, tan bella como su nombre: Luz; que iluminaba con su alegría por toda la humilde casa en donde ella y su madre, Francisca, habían quedado solas y desamparadas desde que Daniel, el padre de Luz, se había ido muy lejos a vivir a las montañas del Petén. Él era un hombre que prefería vivir solo. Nunca quiso formar una familia, tenía sus propios complejos de infancia y de infancia y atado al lamentable vicio del alcoholismo, sin Dios y sin esperanza, un día tomó la decisión de alejarse para no lidiar con más problemas que los suyos propios, así dejó sola a Francisca y sus tres hermosas hijas que procrearon juntos. El suyo, además, era un amor imposible ya que Francisca y Daniel eran primos hermanos.

Luz y Francisca salían adelante con mucho sacrificio y trabajo duro. Ambas se dedicaban al lavado y planchado de ropa de otras personas, incluyendo de los militares que en aquella época contrataban los servicios de personas humildes y necesitadas de una paga. A pesar de las más crudas situaciones, ella miraba al horizonte de sus vidas, preguntándose si más allá de la línea que marcaba el atardecer habría algo diferente para sus vidas.

Un día llegó Carlos, un joven soñador y dueño de su mundo. Con su encanto, amplia sonrisa, su galantería y atractivo personal de un hombre en la plenitud de su vida, logró obtener más que el afecto de Luz. Después de días y noches tejiendo ilusiones en su corazón, los dos jóvenes llegaron a consumar sus ganas de amar. Los días pasaron y aquel encuentro dejó una semilla de vida. Fue entonces cuando en aquella cabaña cesaron los cantos alegres, las risas y jugueteos.- Luz cambió: su piel sonrosada palideció y sus ojos color miel perdieron la chispa del gozo. Apenas tenía dieciséis años y aunque no asistía a la escuela a causa de la pobreza, tenía momentos para ella en los cuales disfrutaba de su adolescencia. Pero con su embarazo todo cambió. Ahora tendría una responsabilidad, pañales que cambiar, noches largas de desvelo, además de eso sería estigmatizada como la adolescente que es madre soltera… la sociedad la juzgaría y condenaría a la soledad, como era costumbre en el año 1972.

Mientras tanto, Carlos comenzó a desaparecer. Sus visitas eran fugaces, sus caricias cada vez más escasas… el miedo entró en su corazón. Él era un marinero de vestidura blanca y por su formación militar le era prohibido mostrar debilidad, preocupación o tristeza; en cambio, lo que hacía era huir o esconderse del campo de batalla de la vida. Al ver que los días pasaban y no tenía noticias de su amado, Luz fue a buscarlo en su lugar de trabajo para saber qué estaba sucediendo. Acudió a la zona militar llena de ilusiones, muy nerviosa porque no sabía con qué se encontraría, y en ese lugar le dieron la noticia menos esperada: Carlos había muerto en una misión fallida.

Con el corazón hecho pedazos, sintiéndose derrotada y atemorizada por aquello que acababa de escuchar, ella regresó a su casa sin mirar atrás a enfrentar su terrible realidad.

Un día caluroso en que la bella y cansada futura madre adolescente acariciaba su prominente vientre ya avanzado por los siete meses transcurridos, se quedó dormida pensando cómo sería el hijo que llevaba en su vientre, qué nombre le pondría, cómo lo alimentaría y vestiría si para ella apenas alcanzaba. En la misma habitación estaba su fiel y siempre buena madre tejiendo entre pilares y puntos unos escarpines para el amado nieto.

—Sin dudarlo, será varón —exclamó.

De pronto, en el silencio del momento se dejó escuchar un llanto... el llanto de aquel que aún no nacía. Asustada, la abuela dijo clamando al cielo:

—¡¡Dios mío!! ¿Qué es esto? ¿El niño llora antes de conocerse su rostro en este mundo? ¿Acaso pues viene mi nieto a solo sufrir?...

Han pasado ya muchos años desde aquel acontecimiento. Ese bebé soy yo. En efecto, era yo aquella niña que lloró antes de nacer; pero no lloraba por venir condenada a sufrir, más bien creo que era la primera vez que preguntaba desde las entrañas de mi madre:

—¡MAMÁ!, ¿DÓNDE ESTÁ MI PAPÁ?

Capítulo 2

"Verdades reveladas"

¿Hasta cuándo, Señor, te apiadarás de mí?

Inclina tu mirada hacia tu hija, Cámbiame el nombre, acércame a ti para no salir de tu mano nunca.

Dios, que es tan perfecto, ya tenía planes para nosotros y logramos tener los recursos necesarios para subsistir en el día a día. Me pusieron Angelica; pero por cariño, mi abuela Pancha me llamaba Angelita: yo era su niñita inocente y juguetona y pasaba mis días aventureros con Yuyo y Delmi; éramos tres compañeros traviesos y cómplices y hasta llegamos a sentirnos como hermanos. Pero no lo éramos. Delmi era mi prima, hija de la tía Mariela, y Yuyo era mi tío, hijo de mi abuelita Pancha. Parecíamos como los personajes del cuento en donde todos vivían en un zapato y si había para comer una tortilla, compartían y eran felices. Nosotros no sabíamos que éramos pobres. Mi madre era como aquella señora que vivía en el zapato y como dice la rima: «muchos hijos tenía y a todos quería. Cuando el padre llegaba, el pan repartía, un beso en la mejilla y ahora a dormir». La diferencia es que mi madre, Luz, hacía el rol de padre y madre.

De esa etapa de mi vida recuerdo a mi madrecita llegar con la vitalidad ya recuperada con algo a la casa para celebrar el término de su día. Yo, sentadita en el suelo esperando un plato de comida, lo recuerdo tan claro como si lo acabara de vivir, tan latente como la sonrisa de mi bella madre; yo me había convertido, sin saberlo, en el motor de su vida, en la que alegraba sus días y la abrazaba por las noches acaloradas y solitarias.

Pasaron un par de años y renació la ilusión en la vida de Luz. Ella y yo habíamos hecho nuestro propio mundo; pero ella pensaba que era necesario la presencia de un padre en la casa, un esposo que nos proteja a ambas. El inicio de esa segunda oportunidad fue tal como ella soñaba, Ángel era, como su nombre lo indicaba, un hombre ejemplar y responsable que había estudiado matemática y tenía un futuro prometedor. Luz se esmeraba en darle lo mejor en sus acciones diarias; cocinaba manjares y planchaba su ropa perfectamente, tal como a él le gustaba. Sé que ella lo disfrutaba, puesto que toda su vida hasta antes de conocer a este segundo príncipe azul lavó y planchó lo ajeno para su sustento.

Siendo yo a tan corta edad no logré captar que aquel Ángel que llegó a nuestra vida NO era mi padre. Él, con sus acciones tan buenas y amorosas se supo ganar mi corazón y no había en mí alguna duda de que aquel hombre bueno era mi progenitor.

El tiempo pasó y de esta nueva etapa nacieron Carmen y Ángel hijo. Yo pasé a ser su hermana mayor. Junto con ellos llegaron también los cambios: mi padrastro entró a trabajar a la Licorera Nacional, lo cual era una gran oportunidad de superación económica... Pero, qué gran equivocación fue aquella...

A partir de allí conocimos la verdadera miseria. Los regalos de su jefe eran botellas de licor y yo, en mi corto tiempo de vida, me di cuenta de sus cambios: pasó de ser protector a acusador. Se fue al extremo de encontrar defectos en mí, sus regaños diarios pasaron a ser golpes y castigos que no entendía mi mente de niña. Llegó un punto en el que yo ya no sabía si jugar era bueno, si hablar era correcto y si comer me llevaría a un nuevo castigo.

Un día, de la boca de mi amada abuela, mis oídos escucharon una verdad que me cambió la vida: Ángel no era mi padre. Entonces, ¿quién era aquel hombre a quien me enseñaron a llamar con el título de papá?

¿Quién era aquel que antes me cargaba en sus brazos con amor y luego me golpeaba con un odio incontenible?

A mis cortos seis años, por primera vez en mi vida conocí la soledad interna, el terrible sentimiento de abandono, aquel profundo vacío que deja aquel amado que se marchó y no me quiso en sus planes de vida.

Poco tiempo después nos trasladamos a nuestra propia casa. Inolvidable aquella fecha, ¡qué felicidad!, todavía al recordarlo siento el olor a campo. Había un riachuelo y al frente un terreno en el cual levantamos tabla por tabla y clavo por clavo nuestro refugio, humilde pero nuestro; al fin tendríamos un lugar y sería de la familia de Paz.

¿Vecinos? Muy pocos, pero eran gente buena y humilde. Aquel primer día fue un momento de reconocimiento del área, disfrutamos de los árboles frutales, la brisa en mi rostro, mis hermanos jugando por todos lados, el olor de la carne asada en leña y las ricas tortillas de maíz; las menciono porque por algo llaman hombres de maíz a nuestros primeros mayas.

Tratamos de acostumbrarnos a todo aquello, a estar sin electricidad y agua potable; pero teníamos ganas de vivir y superar todo obstáculo. Mientras mi madre lavaba la ropa, nosotros los hijos nadábamos y gritábamos nuestros triunfos en las pozas de color verde que formaban las corrientes de aguas frescas del manantial.

Pasaron dos años y ya cada uno cumplía con lo suyo a la manera que le tocaba. Yo tenía ya ocho años de vida, era pequeña, delgada y frágil; en mi rostro no mostraba la felicidad que una niña de esa edad, tenía una mirada distraída, ausente, pensando en qué pasaría al final del día, si tendría un plato en la cena o si sería maltrato y vería a mi madre interponerse en los planes de aquel que se había ya convertido en mi verdugo. Cuando él me golpeaba, hasta que yo quedaba exhausta en el piso y para colmo, sin derecho a llorar.

Capítulo 3

"*Todo Tiene Un Porqué*"

Respira profundo, pequeño, hasta llenarte. Inunda tu cuerpo del aire, mi hermano, ese aire que viene del norte lejano.

Mis hermanos y yo crecimos un poco más en estatura, como cualquier niño de barrio pobre; pero en nuestras mentes soñábamos con recorrer el mundo, con salir de la bahía e ir a ver lo que había más allá de las montañas que rodeaban nuestro amado puerto. En mis constantes sueños, mis brazos funcionaban como alas y yo me elevaba tan alto pero tan alto que podía ver cómo las montañas se hacían pequeñas a mi vista, cómo el agua de la bahía se alejaba de mí y podía sentir la frescura de las nubes que atravesaba mi cuerpo. Estaba allí, lejos, lejos de todo mal, de todo egoísmo humano, de toda tristeza de mi madre, tristeza que yo no podía aliviar; era tan libre como el viento mismo, tan independiente como el águila en su volar... no quería despertar, pero debía hacerlo. Esto sucedía una y otra vez en la noche; cuando mis ojos cerraban y mi cuerpo descansaba, yo volaba y volaba hasta salir de aquel lugar sin saber a dónde iba.

En ocasiones teníamos hambre y mi madre nos acostaba a dormir para ocultar nuestra miseria. Yo me sentía enojada, ya a mi corta edad conocía la frustración y juré ser distinta a ella. No la admiraba, todo lo contrario, me molestaba ver su debilidad.

Tomando una actitud de protectora de mis hermanitos, comencé a buscar soluciones. Los ríos de mi bello país están llenos de alimento, y aprendí a atrapar los cangrejos con mis manitas con tanta rapidez que me convertí en experta. Además habían raíces comestibles en la montaña que podía cosechar, todo eso lo aprendí del mejor maestro que pude conocer: mi abuelito Daniel, el gran ermitaño y a la vez misterioso y apasionado de las cosas bellas de la vida.

Me encantaban y aun me encanta recordar esos días en los que desaparecía con mi abuelito en las montañas y escuchaba sus historias de cómo sobrevivió en las selvas del Petén. En el día caminaba y se encontraba con muchos animales exóticos y peligrosos, y se amarraba en los árboles altos para dormir por las noches y llegaba a sentir la respiración de los leones queriendo devorarlo. Mi abuelito estaba peleado con Dios desde su niñez, puesto que quedó huérfano de padre a muy temprana edad y fue castigado terriblemente por su padrastro y abandonado emocionalmente por su propia madre; junto a su hermano, mi tío Manuel, emprendieron sus vidas solos en el mundo sin llegar a los ocho años de edad. Comenzaron a defenderse solos en la calle, hasta que al final uno se convirtió en un gran empresario y el otro aprendió a fumar y tomar licor. Mi abuelo, era el menor, jamás ahorró ni tomó buenas decisiones y siempre fue pobre; al contrario de su hermano mayor, y junto con eso aprendió a aborrecer al ser humano. Cuando yo le decía:

—Abuelito, ¿por qué vive usted en las montañas? Él me respondía:

—Porque prefiero vivir entre animales salvajes, el canto de las aves, la frescura de los árboles y comer de mis cultivos, a elegir vivir entre el pueblo y verme rodeado de tanta miseria humana, egoísmo y control... prefiero mis montañas.

Él siempre vio la parte mala de la creación humana desde que aguantó los castigos terribles del nuevo esposo de su madre. Aquel hombre era tan cruel que le quemaba los pies y lo colgaba en un árbol que estaba en el patio. Su hermano llegó y valientemente lo rescató y nunca más regresaron a casa.

Mi abuelo Daniel era un gran ejemplo de lucha y sobrevivencia, pero nunca entendió que sin Cristo no hay esperanza de liberación de las ataduras por nuestros pecados y los que heredamos de nuestros padres o abuelos.

Los días que pasé con mi abuelo fueron unas de los mejores de mi vida y son los recuerdos que me causan gozo en el presente.

El campo es más bello de lo que la mente humana puede visualizar, ya que en el canto de los pájaros y el aire fresco entrando en mi nariz. En medio del monte y de las plantas de maíz sembradas por las manos de mi abuelo, aprendí que en esa belleza yo era libre, tan libre como ese viento que respiraba, allí no habían regaños ni maltratos, éramos, la naturaleza, mi abuelo y yo, con sus historias. Podía entender por qué mi abuelo sentía la necesidad de mantener aquella estrecha relación con la naturaleza. Pero lo más bello de todo es que allí aprendí a hablar con aquel que me dio su refugio y su amor incondicional: mi Padre Celestial. Él ya estaba haciendo la obra en mí. Yo le conversaba largas horas viendo al cielo, preguntándole tantas cosas que se me pasaba el tiempo sin percatarme; estaba segura de que obtenía las respuestas que buscaba en aquel paraíso escondido en las montañas en donde nadie podía interrumpir mis diálogos extensos con mi Señor.

A diferencia de mi abuelo, mi mente se volcaba en agradecer aquella inmensa belleza que Dios había creado para nosotros. Si tan solo mi abuelo se hubiese refugiado en el Dios de la creación y no en la abundancia de lo creado, tal vez hubiese podido alejarse de aquellos malos sentimientos que lo agobiaban.

Capítulo 4

"Liberados Del Verdugo"

"Pequeña y frágil,

curiosa y temerosa ante ti, Señor.

«Esperaba conocerte»,

a mi oído susurraste".

Yo era más que una niña inquieta, me gustaba el estudio más que a otros de mi edad; dentro de mí había un deseo inagotable de irme de aquel lugar y desaparecer, dejar todo aquello que no me agradaba de aquella infancia que vivía sin haberla pedido.

Cuando llegó mi hermanita, Mildred, con su piel morena, tan pequeñita, tan frágil, solo inspiraba amor. Ella lloraba por el alimento que no encontraba, ya que mi madre había quedado muy enferma después del parto y seguía en el hospital. Yo miré a mi hermana y la apreté entre mis brazos con el afán de no soltarla más. Así comenzó una relación de hermana mayor y un bebé que necesitada del calor de su madre. Ella era pequeña, bastante pequeñita, pero al llorar se hacía sentir y lograba todo lo que ella deseara, ya que con sus grandes ojos negros conquistaba todo aquel que la mirase.

La amé desde el primer día y nos apegábamos una a la otra. Para ese entonces éramos cuatro hermanos y compartíamos todo, así fuera un plato de comida o un juguete roto, lo hacíamos con amor y sin egoísmo. Yo ya tenía doce años y estaba en una etapa en la que no vivía lo mismo que mis amigas, no tenía las libertades que toda adolescente de mi edad tenía: no habían salidas con gente de mi edad ni ningún tipo de diversión, solo existía la responsabilidad de ayudar a buscar el alimento diario para la familia.

Entre mis hermanos y yo todo era casi perfecto hasta que alguien les contó a mis hermanos que yo era la hija sin padre...

¿Quién lo hizo? No lo sé, pero se rompió el lazo especial entre nosotros y desde ese momento las cosas nunca volvieron a ser iguales entre Carmen, Ángel y yo. Pero quedaba la bebé y pensé que el hecho de sentirse tan cerca y dependiente de mis cuidados jamás rompería nuestro lazo de amor.

Grande fue el daño causado ya que siendo inocentes niños necesitados de amor, fuimos enfrentados a conceptos distor-sionados y sembraron discordia y aumen-taron las dudas y temores entre nosotros. Sumado a esto, la incertidumbre de qué pasará mañana en casa entre mi madre y mi padrastro ya había cavado un abismo irreparable, pues habían descubierto que mis hermanos tenían medios hermanos de sus mismas edades de mi padre y otra mujer. Mi pobre madrecita, mi Lucecita bella se fue transformando en una mujer muy triste.

En Guatemala, la vida se hacía más cara y las oportunidades de trabajo se escaseaban. Había rumores de personas que desaparecían y de otras que aparecían en otros pueblos a causa de la guerrilla; otros se marchaban al norte para buscar un mejor futuro y mandar ayuda a sus familias que se quedaban en la bahía.

Mi padrastro se marchó un día menos pensado. De un día para otro éramos nuevamente mi madre y nosotros, los hijitos. Nos sentíamos liberados de la opresión, pasábamos penurias pero no teníamos al verdugo en casa. No habría más razón para caminar largas distancias a buscar a mi abuela Pancha para que me diera azúcar para alivianar mi dolor después de alguna paliza. Además, ya venía en camino mi último hermanito y mientras estaba en el vientre de mi madre necesitaba alimento y calor. Un día precioso nos fuimos a la orilla de la bahía, y con redes en mano, mis hermanitos y yo sacamos camarones, cangrejos y toda clase de animales para poder ir a casa a darnos un festín; allá, en la orilla a lo lejos, estaba mi mamá con su vientre bastante pronunciado, con su vestido a cuadritos rojo con blanco. Esa imagen aún está en mi memoria como si fuese ayer.

Cuando por fin nació el bebé, fue lo más bello que mis ojos habían visto, era tan grande y fuerte y hermoso. William llegó para unirnos nuevamente ya que todos queríamos amar a ese tesoro tan apreciado, y yo, por mi parte, en ese momento fue la primera vez que declaré sobre mi vida:

—Cuando sea grande y Dios me dé hijos, quiero que sean varones, que sean cuatro ángeles que cuiden de mí.

En aquel entonces yo no sabía lo importante que son las declaraciones de mi boca, más aun, cuando clamamos a Dios desde el fondo de nuestro ser.

Nuestras vidas transcurrieron en su curso normal, yo salía por las tardes con todos los amiguitos del barrio a jugar hasta que ya no hubiera luz del sol, las vecinas conversaban sobre las hazañas de sus hijos e hijas como compitiendo entre ellas para ver quién tenía el mejor retoño. Días aquellos tan preciados donde nos entreteníamos con lo más simple, hasta aquello que la naturaleza hacía crecer —como las plantas silvestres— para nosotros era muy divertido; también nos parecía cómico hacer dormir a la planta de zarza o sacar al gusanito del agujero donde se escondía. Creo que nosotros —porque éramos un grupo unido en los juegos y travesuras— éramos como un equipo de superhéroes en donde todos éramos líderes.

Un día menos pensado, Luz tomó la decisión de buscar a Dios, cansada de no encontrarlo en los rezos repetitivos del rosario y el Padre Nuestro que el cura le mandaba a rezar repetitivamente después del confesionario. Por curiosidad fue a la iglesia donde yo asistía, el lugar era prácticamente un ranchito. Más adelante, a una media cuadra, había otra iglesia un poco más grande y ella tomó la decisión de llevarme para allá ya que ella se sentía más cómoda; y yo, obediente y en sumisión, la acompañaba convencida de que Dios estaba también allí. Y ¡sí!, Dios estaba y comenzó un crecimiento espiritual en mí de una manera que yo misma no sospechaba. Entre mis oraciones le pedía constantemente al Señor:

—Padre, quiero conocerte tal como eres, háblame como lo hacías a tus profetas en la Biblia que tengo, la que leo todos los días y allí te encuentro.

Un día llegó una invitada a predicar y me dijo una profecía que en su momento no entendí:

—Tú le has pedido a Dios conocerle cara a cara y que te hable como a los profetas de la Biblia, más dice Jehová que una sombra va a interponerse entre tú y Él. Vas a pasar cosas grandes y terribles, pero no te aflijas porque todo tiene un propósito. Dios estará contigo en donde quiera que estés y en la situación que se te presente, solo no te olvides de Él.

Asustada dije, dentro de mí: «¿Más penurias? ¿Una sombra?

Se acaba de ir la que tenía y ahora, ¿quién viene?»

Capitulo 5

"Inocencia Robada"

"La niña se fue sin despedirse.

No me dijo si volvería, solo partió,

¿se enojó conmigo o con Dios?

O quizá yo la abandoné...

a la niña de mi interior".

Ya no era la niña flacuchenta y pálida, me estaba transformando en una señorita. Tenía catorce años de edad y en vez de sentirme femenina y vanidosa, tenía traumas y pensaba que era fea y me sentía inútil. A pesar de ser una buena estudiante y ser tan leal a mi madre en el cuidado de mis hermanitos, era temerosa y callada. Vivía determinada a ser diferente a las personas que conocía, soñaba con ser una excelente doctora para ir a los lugares en donde los enfermos no podían pagar la consulta ni el medicamento. Solo quería ayudar a aquel que necesitaba una mano amiga y atenderlo sin afán de recibir nada a cambio.

Pero eso no era lo que estaba planeado en mi vida, puesto que la oscuridad estaba más cerca de lo que yo pensaba.

Estaba allí, en aquella iglesia donde mi madre, mi Luz, encontró consuelo a sus angustias. Al integrarnos en la congregación, mi mamá hizo amistad con Eugenio, un joven que tenía muy buena reputación. Él era tan seguro de sí mismo, lleno de conocimiento bíblico, predicaba con convicción, era un perfecto líder de jóvenes, consejero, confiable y tenía el cargo de co-pastor en la iglesia. Entró con sigilo a mi vida, como un lobo vestido de piel de oveja, encontró una familia desprotegida, una madre desesperada por alimentar a cinco hijos que no sabía cómo comenzar de nuevo y con cuyo esposo mantenía una comunicación muy inconstante y que incumplía sus deberes de padre.

Sus visitas eran cada vez más seguidas, ayudaba a mi madre, la aconsejaba y guiaba, pero... Mi ingenua madrecita no sabía o no se daba por enterada que aquel hombre bueno y dadivoso había puesto los ojos en su hija mayor, en mí.

—Así me gustaría un yerno para mí —decía mi madre en su enamoramiento de suegra— Míralo, ¿acaso no piensas que es lo mejor que puede pasarte? Verte casada con un predicador es mi esperanza.

Yo resolvía no escucharla y cada vez entraba en un silencio peligroso. Me sentía acorralada ya que él ayudaba económicamente en mi casa y mi madre pensaba que aquel joven me daría un futuro mejor. Pero ella no lograba darse cuenta que yo seguía siendo una niña.

Mi abuelo Daniel hacía mucho que no llegaba a casa, y mi madre, preocupada por su ausencia, tomó la decisión de ir a buscarlo, dejándome como guardián de mi hermanito William que para ese tiempo tendría aproximadamente cuatro meses de nacido. Es tan difícil detallar aquel desafortunado día, al recordarlo cuando lo escribo o digo, las palabras entrecortan mi voz; esto sucede incluso las pocas veces que logro dar testimonio.

Estaba sola en aquella humilde casa cuando llegó él de visita y según dijo, había ido porque estaba a cargo de cuidarme.

De un momento a otro, me encuentro con aquella escena de horror en la que mi hermanito, víctima de la maldad de ese hombre, tenía un cuchillo en el cuello. El bebé esta dormidito como angelito, sin sospechar lo que a su alrededor ocurría. En ese escenario, estando totalmente manipulada y amenazada, tuve que entregar mi inocencia a cambio de la vida de mi pequeño hermanito. Me convertí en una mujer desdichada y comencé a vivir bajo aquella sombra por largo tiempo. Esta horrible situación duró por más de un año, entre golpes y amenazas a escondidas debía acceder a sus caprichos. Yo tenía miedo de que ese secreto fuese revelado porque estaba segura de que me culparía de todo; además, ¿quién me creería? Era mi palabra contra la del admirado co-pastor de la iglesia quien también era muy respetado en la comunidad.

Ese año, largo y terrible, estuvo lleno de intimidación. Vivía amedrentada, intentando ocultar ese hecho tan tenebroso y me sentía avergonzada. Me convertí en una muchacha callada, cada vez más tímida y en ocasiones amargada, vivía encerrada en aquella burbuja imaginaria a la cual nadie tenía accesos.

Corté la comunicación con mi Padre Celestial, aquel con el que me comunicaba tantas veces en ese cercano pasado en el que éramos Él y yo.

Las pocas veces que miré al cielo, lo hice con dolor y rencor, pensando: «Se supone que bajo tus alas estoy segura, dime, Señor, ¿por qué pasa esto? Yo no soy una mujer provocadora, lo único que deseo es estudiar, salir adelante, marcar la diferencia, sacar adelante a mi madre y mis hermanos, entonces, ¿por qué a mí? No hay hombre en casa, la cabeza del hogar siempre estuvo ausente, antes era por el licor y las mujeres ajenas y en ese momento por la distancia. Dime ¿por qué?, ¿por qué?

En mi corazón joven yo no podía entender que cuando más solitaria y abandonada me sentía, Dios siempre estaba conmigo. No tenía la capacidad espiritual e intelectual de poder entenderlo, era como aquel pajarito que busca alimento y por accidente entra al pantano sin percatar peligro alguno, y por comer un rico gusanito se postra sobre aquel tronco en medio del pantano y su patita se queda apresada allí.

Ya estando en la Escuela de Comercio, estudié la carrera de contabilidad que yo no había elegido y que solo había aceptado porque era gratis. Todos los días me quedaba dormida en aquella sala de clases. De pronto, mis sentidos se agudizaron, el latir de mi corazón era palpable en cada fibra de mi cuerpo, los olores eran cada vez más molestos y me hacían querer huir de ellos… Ocurrió lo impensable, en mi vientre había vida.

¡Angelita está embarazada! Cuando se enteraron en mi casa, hubo llanto, culpa y pelea. Nadie entendía que lo único que yo necesitaba era un abrazo y escuchar de mi madre decir:

«Hija, estamos juntas, te apoyaré». En cambio, solo recibí los reproches de una madre decepcionada. Aquel desafortunado día nunca se ha borrado de mi memoria. La vergüenza en la casa era yo. Mi mamá me tomó de mi cabello largo y rizado y me llevó por todo el pueblo, cruzando casi dos colonias, gritando:

—Acá está mi hija, la malagradecida. Me paga con lo peor, es una cualquiera que ahora me ha deshonrado y me avergüenzo de ella.

En el camino nos interrumpió mi maestra de mecanografía, quien me tenía cariño porque yo era una de sus mejores alumnas. Me arrebató de los brazos de mi madre y nos llevó a su casa para calmar la situación.

Siendo avanzada la noche, volvimos a casa, ambas, madre e hija, sin tocar tema alguno, caminando por aquella calle tan solitaria; éramos dos almas desconsoladas. Yo, sin saber cómo reaccionar, sin saber si confesar la verdad o seguir callando.

¿Cómo confesarle que mi embarazo no había sido voluntario? Como vivía amenazada, opté por seguir con mi secreto. Tonta decisión ya que, sin saber que entre aquel dolor de madre, a lo mejor si yo hubiese dicho la verdad hubiese encontrado un final feliz a la situación. Con mi mente bloqueada, solo caminaba, reteniendo el llanto, y a la vez queriendo abrazar a mi mamá y decirle: «Perdóneme, madre, ¡¡¡no fue mi culpa!!! Perdóneme, madre, porque no se lo había contado, pero era más importante la vida de mi hermanito que la mía. Perdóneme, madre, porque hay tantas cosas que no le puedo decir, son mías y nadie las entendería».

Hago un preámbulo en este párrafo, amado lector, si eres padre de familia y falta la comunicación con tus hijos, no cometas el error de ponerte en un pedestal de padre; bájate un rato y dale amor a tu hijo o hija. Ya que entre ese silencio de adolescente callado y rebelde hay un ser necesitado de amor y comprensión; abrázalo y dile que estás a su lado y que siempre lo estarás. Y si aún no tienes hijos, prepara tu corazón. En ambos casos, dobla tus rodillas, enséñales a tus hijos que tú quieres ser como Cristo, lleno de amor y comprensión, y de ese modo siempre contarás con la confianza de tus hijos. No hay escuela para padres, pero sí tenemos un Dios perfecto que en todo nos guía y nos alienta.

Estando de vuelta en casa, el dilema más grande fue: ¿qué piensas hacer? Una vez más estaba yo, como una mujer siendo juzgada, pero era solo yo quien pasaba por esa escena de juicio. Las preguntas me inundaron: ¿Piensas tenerlo? ¿Cómo vas a mantenerlo? ¿Piensas arruinar tu futuro? Y la solución al caso fue: O renuncias a tenerlo ¡o te vas de la casa!

Empaqué en una bolsita un par de vestidos, mis libros y cuadernos, junto con mi uniforme de la escuela. Les di un beso y un abrazo de amor a mis hermanitos que lloraban sin entender lo que sucedía, y me fui.

Escribo esto llorando con pesar pues todavía me duele recordar las caritas tristes de mis pequeñitos que amo tanto. A partir de aquel momento se rompió un lazo grande que yo tenía con mi bello Willy, mi cachetón, y mi negrita preciosa, mi princesa, Mildred.

Caminé hacia la casa de mi abue, mi Panchita, mi bello ángel, fui corriendo a sus brazos; esta vez necesitaba más que nunca una cucharada de azúcar: necesita su protección. Mi abue era lo más cercano al amor de Dios que yo conocía.

Cuando escribo estas líneas, pienso que no lograré superar nunca este episodio de mi vida. La verdad no sé cómo sobreviví a tanto. Ahora entiendo por qué Dios me aparto de todo aquello y por qué ahora estoy donde estoy hoy. Trato de no pensar en eso... pero lo escribo porque es necesario que se sepa. Es necesario decirle a las madres: no puedes confiar que tu hija se quede sola con un hombre, así sea un gran pastor. Pero también quiero que sepan que en el silencio de tu hijo puede suceder y que tú no sabes.

Capítulo 6

"En la antesala del cielo"

"Creces dentro de mí, mi niño, y contigo crece mi esperanza,

esperanza que aumenta con los meses

por conocerte y tomarte en mi regazo.

Dios te bendice, fruto de mi vientre".

Ya con tres meses de embarazo, casi no asistía a la escuela porque me daba sueño. Antes del embarazo me fue fácil interactuar en clases pues amaba mis estudios, tenía esperanzas de salir adelante y sentía que la educación marcaba la diferencia en un ser humano. Las clases eran mi refugio y los estudios siempre me motivaban a seguir adelante; pero aquel embarazo lo cambió todo. Me quedaba dormidita y me desmayaba en el momento menos pensado.

Estaba en casa de mi abuela cuando tocaron a la puerta. Era Eugenio. Él había jurado que su hijo no nacería sin su presencia. Estaba determinado a cumplir con el papel de padre puesto que en su infancia él tampoco había tenido uno. Había sido criado gracias a los esfuerzos de su buena madre, de la cual yo solo sabía que era una mujer luchadora que construyó su casa con esfuerzos y sacrificios y había criado a sus tres hijos varones con la mejor enseñanza bíblica y les había dicho que nunca dejen un hijo botado. En nombre del amor tan grande que Eugenio le tenía a su madre, llegó a buscarme y nunca me preguntó si yo estaba de acuerdo con su presencia.

Recuerdo perfectamente las palabras de mi buena viejita linda:

—No tengo cómo darte de comer, apenas alcanza para mí, debes irte con él, mi

Angelita. Cuídate, hazle caso en todo lo que te diga.

No tenía más opción que obedecer a la petición de mi abuela. Yo era una niña que creció siendo abusada, vejada, acostumbrada a recibir golpes y quedarse callada. No le conté la verdad sobre lo que me había pasado porque sabía que nadie iba a creer. Aprendí a no quejarme pues así me educaron. Mi madre nunca denunció el hecho porque me culpó sin dejarme hablar. ¿Quién era yo para contar lo sucedido? No era nadie.

Mi abue al parecer presentía lo que venía, ya que aquel hombre era catorce años mayor que yo y tenía un carácter... pero yo ni siquiera sabía lo que estaba viviendo. Solo quería dormir, no sé si era por el embarazo o para evadir la situación que estaba experimentando.

Es así como comencé a vivir una vida de esposa que no pedí, que no deseaba tener pero que debía cumplirlo a cabalidad. Cocinaba y limpiaba calladamente, sin protestar, en aquella casa compuesta por tres hermanos, la esposa de mi cuñado Juan, mujer ejemplar en todo sentido al igual que su esposo, una sobrina que era de mi edad o un poco mayor que yo… que me veía con juicio y a la vez con recelo.

Todos los días, yo cometía errores a la vista de todos y me decían:

—El pantalón tiene una arruga por el planchado ¡Plánchalo de nuevo!

—La comida tiene poca sal… ¡Cocina de Nuevo!

—La comida tiene mucha sal, ¡¡bótala y hazla nuevamente!!

Los regaños se convirtieron en gritos y muy pronto se convirtieron en golpes diarios, no les importaba que yo ya tenía un embarazo pronunciado. Aquel hombre que predicaba en el altar hace tan pocos meses se había convertido de a poco en poco en una pesadilla en mi vida, ya que sus privilegios le fueron relegados y no quiso seguir perseverando.

Con el tiempo, volcó hacia mí toda su frustración y amargura. Comenzó a beber licor y salir con sus amigos que de pronto reaparecieron en su vida. Yo continuaba esperando a mi precioso bebé, que era el único que me daba motivos para seguir viviendo. Éramos un par de mejores amigos, sus pataditas y movimientos me decían: «Mamita, no estás sola, yo estoy contigo».

Fueron incontables las veces que lloré a solas pensando cómo saldría de eso. Pero aprendí en mi soledad nuevamente a conversar con mi Creador, con mi amado Jesús. Me daba vergüenza estar ante Su presencia y no sabía cómo reconciliarme con Él, solo le pedía que me ayudara a salir de aquella pesadilla tan terrible.

A todo esto, mi madre seguía sin dirigirme la palabra. Era tanto su enojo hacia mí que mis hermanitos me visitaban sin decírselo; al salir de la escuela pasaban por mi casa a verme durante unos minutos. Recuerdo que Carmen llegaba apresurada y algunas veces me llevaba a los dos chiquititos, Willy y

Mildred, a quienes les era difícil arrancarse de mis brazos a la hora de despedirse. Eso siempre nos partía el corazón a todos, podía escuchar su llanto pidiéndome que no lo soltara y mi interior se desgarraba de dolor sin poder hacer nada para impedir nuestra separación. En su interior, ellos no me veían como su hermana: me decían mamita. Eso hacía que fuera más desolador para mí.

Aquel 11 de noviembre de 1987 fue un día hermoso. Había llegado la hora de conocer a mi primogénito. Después de ocho días de dolores de parto pausados, había intentado dar a luz a mi bebé en casa con una comadrona a domicilio; pero como yo era primeriza, no funcionó. Mi bebé tenía problemas para nacer, mi cuerpo de niña era muy pequeño y mi hijo era grande y lleno de fuerza y vitalidad. Cuando ya la vida se escapaba de mí, la partera llamó a la ambulancia y a toda velocidad me llevaron al hospital nacional del puerto. Fue así como mi precioso hijito llegó a este mundo a las 3:15 a.m. Solamente recuerdo me lo pusieron en mis brazos y no logré verle su carita pues el cansancio y la debilidad se apoderaron de mí. Al amanecer, en el cambio de turno, llegó la enfermera de aquel hospital público, con olor a alcohol en todas partes.

—Levántense todas y caminen —gritaba a gran voz.

Yo no podía ni moverme, pero ella siguió gritando:

—Vamos, ¡ponte de pie!

Aquella mujer se mostraba muy indignada y debido a que yo no entendía el porqué de tanta amargura, no respondí palabra alguna.

Mi compañera de cuarto, a quien jamás vi su rostro sino solo su dulce voz, le dijo:

—Tenga compasión de ella, es una niña y hace menos de una hora que la trajeron.

Entonces, replicando con furia, la misma enfermera replicó:

—¡Qué! Fue valiente para parir a un hijo, muy niña no es entonces, ¡que se levante!

De la mejor manera que pude, puse mis pies al suelo y solo recuerdo estar parada en mucha agua caliente; pero no era agua, sino mi propia sangre. En ese momento sentí que abandonaba mi cuerpo. Recuerdo bien cómo mi cuerpo se volvió pesado y mi corazón latía aceleradamente, me dolía el pecho y se me adormecieron los brazos. Las voces se oían lejanas y en mis oídos retumbaba un sonido extraño. Poco a poco me desprendí de mi cuerpo, dejé de respirar y me fui alejando hacia arriba.

Después de eso, me encontré de pie, vestida de blanco, en un lugar en donde no había sonido alguno. Reinaba la paz y todo a mí alrededor me confirmó que estaba en el cielo.

Súbitamente, vi una luz que no me molestaba y podía respirar aire fresco. ¡Qué sensación más hermosa! Me encontraba en valle perfecto, sus colores eran inimitables, y entre una neblina refrescante, no sentía que mis pies tocaran suelo alguno. Estaba vestida de blanco, no me dolía nada y yo quería permanecer allí. Me sentía en todo momento rodeada de amor. Era como estar en el vientre de mi mamá. Veía mi piel blanca, resplandeciente. No vi a nadie más, pero no me sentía sola, me sentía protegida y acompañada. Sin dolor y sin recuerdos.

Sentí que pasó poco tiempo, tal vez unos minutos, pero observé todo a mi alrededor: las montañas que me rodeaban, la neblina blanca y espesa y el cielo resplandeciente. Podía percibir que mi Padre Celestial estaba viéndome con tanto amor que podía sentir que me atravesaba el cuerpo, podía sentir cómo me observaba con sus ojos llenos de amor; yo esperaba que algo sucediera, pero solo me observaba, me cuidaba como nadie lo hizo en toda mi vida, por primera vez me sentí tan protegida y segura que no deseaba que aquello se terminara.

En eso, de lo alto vino una voz que me dijo:

—No es tu tiempo todavía, hija mía, debes volver porque hay alguien que te necesita.

Yo le respondí:

—Por favor, déjame quedarme; acá soy feliz, acá tengo paz

—Debes irte, pero no te preocupes, yo nunca te dejaré y jamás te desampararé —me dijo.

—¡No me quiero ir! Nadie me necesita, nadie me quiere. Allá estoy sola...

—Alguien te está esperando y no estás sola, yo estoy contigo.

En ese momento, escuché una voz que me llamó y esa sí era terrenal. De pronto, abrí mis ojos y estaban resucitándome en la habitación en aquel hospital frío. Había vuelto a la vida gracias a la pronta acción de los médicos. Alcancé a escuchar que le gritaban a una enfermera porque no había hecho bien su trabajo, pero no alcancé a oír más y me quedé dormida.

Pasaron cinco días de aquel momento. Desperté rodeada de luces y con agujas por todos lados, con bolsas de sangre y de suero y no sé qué cosas más aparte de máquinas de calor para volverme a la vida. Dios me había dado una oportunidad de volver a mi cuerpo, de seguir viviendo por amor a mi hermoso bebé que se convirtió en mi motor de vida, mi amigo y mi compañero.

Desorientada, sin saber ni mi nombre, pregunté:

—¿Dónde estoy? ¿Qué pasó? ¿Quién soy?

Las enfermeras, celebrando mi regreso, me dijeron:

—¿Quieres conocer a tu bebé, a tu chinito precioso? Mira que ya es el consentido de todas nosotras.

turdida, recordé que sí, en efecto, yo tenía un hijo; a eso se refería aquella apacible voz que me dijo que alguien me necesitaba todavía en esta Tierra. Mi bebé era tan hermoso, delgado con su piel blanquita y sonrosada, tan frágil y necesitando de mí. Lo tomé en mis brazos y ocurrió algo mágico entre él y yo, sentí cómo se metía hasta dentro de mi alma e inundaba todo mi ser de amor. Era él quien me abrazaba con su cuerpecito, llenando al fin aquel vacío que había en mí. Me llenó de ganas de vivir y luchar por él con todas mis fuerzas, Había estado con Dios en Su presencia hace tan poco tiempo y como regalo tenía a mi bebé en mis brazos y no quería soltarlo nunca más. Ahora tenía la promesa que ya no estaría sola, mi Padre Celestial prometió jamás abandonarme; posiblemente pasaría situaciones difíciles, pero de su propia boca me dijo que cuidaría de mí personalmente. Nunca me imaginé cuánto poder tendrían estas palabras en mi vida.

En Josué 1:5 dice: «Nadie te podrá hacer frente en todos los días de tu vida. Así como estuve con Moisés, estaré contigo. No te dejaré ni te abandonaré». Josué era alguien con gran trayectoria ante los ojos de Dios, y a mí también Dios me estaba haciendo la misma promesa directamente de su boca, ¿cómo era eso posible? ¿Acaso estaba yo conociendo a Dios como tanto se lo pedí en mis oraciones de niña? ¿Era necesario pasar por ese momento tan crucial en mi vida para conocerlo cara a cara y escuchar su voz?

Hoy por hoy, en mi cabeza y mi corazón ha redundado la pregunta constante porque desperté en la antesala del cielo y no en la del infierno a sabiendas que en ese momento estaba en fornicación condenada en los ojos del mundo, sin saber que ante los ojos de mi Creador yo era una víctima inocente de aquella circunstancia y Él no me condenaba. Me hizo entender que había esperanza para mí. Hoy por hoy doy gracias a Dios por haberme permitido salir de esa pesadilla la cual yo llamaba mi vida.

Capítulo 7

"Para Dios no hay nada imposible".

Blancas manitas, chiquitito angelito lleno de amor para mí, compañero de mis días, enviado de Dios.

Mi hijo Christian y yo fuimos formando una relación cómplice. No éramos madre e hijo, sino más bien dos niños cuidándose el uno al otro, amándonos silenciosamente y brindándonos seguridad mutua. En los planes de Dios estaba permitir esto entre nosotros pues me fortalecería como persona. Nuevamente, poco a poco me acerqué en mis conversaciones con Dios, intentando mantener un espacio para Él, pero no podía servirle ni decir abiertamente que lo conocía. No podía asistir a la iglesia, para ellos, yo fui la piedra de tropiezo que hizo caer al hombre de Dios y no era considerada digna de asistir a la congregación... así que me acercaba a Dios a solas. Hoy entiendo lo pesada que es la carga religiosa sobre los hombros de las personas.

En la vida sencilla de aquel pueblo escondido entre las montañas y ríos, se vive de una manera diferente: es como si el tiempo no pasara, como si las personas no envejeciesen. No conocíamos la maldad del mundo de la manera que ahora se conoce, jamás nos imaginamos que las películas en donde se muestra la droga, pandillas y asesinatos eran algo real. Pero sí conocíamos el problema del alcoholismo bastante cerca. Éramos las historias repetidas de hijos abandonados por padres alcohólicos y violentos; y, como consiguiente, nuestra sociedad creaba mujeres víctimas y hombres con cadenas generacionales. Tanto Eugenio como yo éramos consecuencia de lo mismo: ambos heredamos los errores garrafales repetidos en nuestras vidas y no encontrábamos la salida. Esto lo asumí con el paso del tiempo, siempre después de alguna golpiza o insulto recibido, recuerdo a aquel hombre afligido pidiéndome perdón y a la vez culpándome por haberle provocado esos arranques de rabia:

—¡Perdóname! ¡No sé por qué te hago esto! No puedo detener al hombre que está en mí y que me domina. ¡¡Es más fuerte que yo!!

Esto lo escuché muchas veces y no sé cuántas veces más continué haciéndolo. Siempre había un motivo para golpearme: no le gustaba el sabor de la comida, el por qué había visitado a mi madre y mis hermanos sin permiso, cuando me demoraba un poco en llevarle un vaso de agua, etc.

Recuerdo una ocasión en la que le serví la comida y en la orilla del plato blanco había una pequeña mancha, además a la comida le faltaba un poco de sal. Eso le ofendió tanto que él se levantó indignado, se quitó el cinturón del pantalón y me golpeó con tanta brutalidad que su hermano, Juan, acudió en mi auxilio. Juan que era un hombre justo no soportaba la actitud de Eugenio y siempre expresaba su impotencia por no poder hacer nada para impedir la violencia en nuestro hogar.

Ya Christian caminaba, era un niño hermoso; mientras yo trataba a escondidas de evitar otro embarazo más.

En el centro de Salud del Puerto Santo Tomas de Castilla, mi Puerto querido, había otro equipo de médicos y enfermeras, quienes eran las personas más agradables hasta el momento que yo había conocido. Cuando hacía las citas, al llamar en la lista a mi Christian y a mi salida, la enfermera decía:

—¿Dónde está la niña con el niño?

Por supuesto, ya se sabía que era yo. Nos daban tanto amor y control médico como podían, entre esas atenciones venían sus consejos:

—No te embaraces nuevamente, mira que estás mal alimentada, mira que tu bebé aun comienza a dar sus pasitos.

Y me regalaban las pastillas anticonceptivas que yo guardaba celosamente y bien controlada las tomaba sin perder una sola.

Es increíble cómo este grupo de profesionales que entienden el cuerpo humano, podían tan naturalmente entender mi verdadera condición. Ellos me veían como una niña y eso era lo que yo era. No necesitaban sensibilidad espiritual para entender mi condición, con tan solo mirar mi estado físico sabían del maltrato, injusticia y condición precaria.

Pero a pesar de seguir al pie de la letra las instrucciones de los médicos, fui descubierta. Lamentablemente me amenazó de la peor manera y botó mis pastillas; ese día fallé en tomarlas y no sabía que con no tomar un día se pierde el correlativo y el efecto. Por la crianza de la idea religiosa, existía el tabú de no usar pastillas anticonceptivas pues se creía que era pecado. El abuso era continuo... el sexo no era agradable, era forzada. Tenía prohibido visitar a mi mamá, como si Eugenio fuese mi papá, tenía que pedirle permiso para todo; era una prisión...

Al dejar de tomar las pastillas el resultado fue el de esperarse: estaba esperando a mi segundo hijo. Jamás renegué, sino mas bien en mi corazón albergué una alegría profunda de saber que mi vientre una vez más produciría un hijo mío, un pedacito de mí; y lo esperé con un amor incondicional.

Misaí se llamó al nacer, llegó a mis brazos una noche de luna llena, la más grande luna que recuerde. Ya para ese entonces mi madre y yo habíamos vuelto a ser más o menos amigas, y ella me acompañó caminando hasta el hospital. A las 4 am de un 21 de enero de 1989, llegó a este mundo un niño fuerte, grande y con curiosidad en la mirada. Para mí era como un éxtasis ver su fuerza y ganas de conocerlo todo.

Mis dos hijos se convirtieron en casi gemelos, no solo por la poca diferencia de edad, sino por las complicidades y las travesuras que hacían juntos. Eran como Batman y Robin en sus aventuras y los pesares. Por mi parte, me tocó ver de qué podía escapar de aquel segundo verdugo que compartía sus días conmigo y nuestros dos hijos. Tener otro hijo le creó más frustraciones encima. Tomó las peores decisiones, tanto con su vida espiritual como la material, al punto de perder la casa de la familia, aquella casa que a su madrecita Rosa le había costado tanto sacrificio construir ladrillo por ladrillo.

—Ay, qué arrepentimiento tan grande, ¡me robaron! — exclamaba.

Lo único que yo sabía es que un día llegaron a mi puerta dos personas uno grande con aspecto de detective y el otro con la autoridad de un abogado. Ambos trajeron una orden de desalojo. ¿Qué diría Juan? Mi cuñado, el buen Juan, era el único que siempre me tendió una mano amiga, que me regaló algo de comer cuando no tenía para mí y mis hijitos chiquitos, ya que su hermano se resbalaba en la perdición y no reconocía lo diferente que era ahora que estaba en el alcoholismo.

Mi madre decidió irse al extranjero puesto que mi padrastro la mandó a llamar para que comenzaran una vida lejos de la pobreza. Se fue llevándose a mis hermanos Mildred, Willy y Ángel, junto con su abuela paterna a Estanzuela para que los cuiden. De ese modo me permitió vivir en su casa mientras ella estaba lejos. Me dejó a cargo solo de mi hermana Carmen, que para ese tiempo se había convertido en una bella señorita de piel morena canela y carácter fuerte que nadie podía cambiar. Traté de hacerme su amiga nuevamente, pero jamás lo pude lograr, tenía su corazón lleno de dolor y amargura,

—Moriré joven —me decía.

—Cállate —le contestaba yo—, no digas cosas locas.

Pasaron casi dos años y Carmen no se acostumbró a estar lejos de Mami, yo perdí el control de ella y no me quedó más que tratar de convencerla para se fuera con mis otros hermanitos y así fue. Aceptó, gracias a Dios, puesto que ella estaba bastante solitaria en su interior y mis hermanitos se sentían más huérfanos que nunca.

Mi vida se tornaba cada vez más gris, más pobre, más llena de baches como las calles viejas de mi país en ese entonces; así era mi situación y no podía contárselo a nadie, mucho menos mostrar mis moretones escondidos.

Sucedió entonces que Misaí enfermó de problemas bronquiales y lo internaron de inmediato en el hospital infantil, de donde lamentablemente lo saqué con otras clases de enfermedades. Uno de los medicamentos administrados le dañó el organismo y desde ese momento comenzó una lucha por mantenerlo vivo. No sé cómo ni cuándo, pero me encontré suplicándole al médico:

—Por favor, deme la receta para mi hijo.

El médico, con aquella voz solemne me dijo:

—Hija, déjalo ir, él ya no pasa de esta noche. Le respondí con la seguridad en mí ser

—No. Él no va a morir. Yo lo sé porque Dios no me va a hacer pasar por este dolor.

Cuando tuve la receta en la mano, corrí a la farmacia, pero la enfermera se negó a inyectar la medicina puesto que ya el bebé no tenía músculos para poder insertar la aguja en su pequeño cuerpecito. Le dije desesperada:

—Enséñeme a inyectar, por favor.

Con una naranja, ella me mostró cómo se hace y corriendo a la casa, tomé a Misaí en mis brazos y le inyecté yo misma, cada dosis, cada gotita de alimento ya que él no podía ya ni llorar y su voz ya se había ido, solo abría su boquita. Estaba frío, sin nada de calor y con un tono pálido. Esa noche velamos a mi hijo mi buena amiga, Linda, y yo; ella, grandota como era, lloraba con dolor de parto por aquel hijito mío que se desintegraba minuto a minuto. Pero yo, con mis diecisiete años de vida, sentía una fuerza interior que me decía: «no desistas». Yo seguía declarando vida a mi hijo amado, mi pedacito de tesoro. Esa mañana nos quedamos dormidas de rodillas a la orilla de la cama de aquel ser tan chiquitito e indefenso y ocurrió algo maravilloso: ¡el niño lloró! Su llanto era música a mis oídos. Tomó leche, lloró y seguía llorando. ¡Gloria sea a Dios! Sigo rendida a los pies de mi Señor cada vez que recuerdo ese momento, fue más grande que el mismo día de su nacimiento. Lo envolví en sábanas como pude y, dejando a Christian con mi abue y mi amiga Linda, corrí y corrí. Fui hasta la casa del doctor que asistía a mi hijo, aquel mismo médico que me pidió que dejara de luchar. Toqué la puerta y salió a abrirme su esposa; al vernos, lo llamó exclamando:

—¡El niño vive! Es un milagro, ¡es un milagro!

El doctor lo examinó, lo tomó en sus manos y con ojos llorosos me dijo:

—¿Cómo pasó esto? ¿Qué pasó? ¡¡Este niño no debería haber amanecido hoy vivo!!

Dios se había manifestado una vez más. Con mi fe aprendí que pará Dios no hay nada imposible y que aunque nosotros no estemos llevando nuestras vidas como Él quiere, todavía sigue teniendo misericordia de nosotros y como buen Padre está a la espera de que sus hijos se arrepientan y dejen de pecar, para poder tomarse de su mano y salir adelante de todas las pruebas. Aprendí que no importa la prueba que sus hijos pasemos, Él siempre estará allí y sigue estando hasta ahora y para siempre a nuestro lado. Jamás nos deja ni desampara.

El médico pronosticó:

—Mira, hija, el niño tiene los huesos y su columna bastante afectados por la enfermedad, debes prepararte porque el nene no va a caminar, tampoco va a hablar, y con todo esto esperemos que su cerebro no haya sido afectado.

Volví a responderle:

—Lo lamento, doctor, yo estoy segura de que mi hijo sí caminará, sí hablará y su cerebro será normal.

Misaí pasó momentos difíciles en su desarrollo físico, pero a sus dos años con tres meses dio sus primeros pasos; hablo a los cinco años, su cerebro está en perfectas condiciones y es más inteligente de lo que se imagina; esto es, para la gloria y honra de mi Señor.

A raíz de todo lo ocurrido con Misaí, más los maltratos de Eugenio hacia mí, en todo esto había un testigo inocente que no tenía por qué haber presenciado tantas cosas tan terribles y ni haber pagado un precio. Christian se fue convirtiendo de aquel niñito juguetón en un niño introvertido, tímido, hasta cierto punto manteniendo una actitud a la defensiva de todo aquel que se le acercara; su cuerpo comenzó a pigmentarse... mi hijo sufría de vitíligo por sistema nervioso.... ¿Pero sabes qué? Así, joven, con una situación que al ojo humano era más grande que mis propias fuerzas, aun así Dios continuaba cuidando de nosotros personalmente, ya que mi hijo Christian milagrosamente fue sanado también de esas horribles manchas gracias al amor, la oración y ¡la fe! Porque no hay nada imposible para Dios, así dice en Su Palabra en Lucas 1:37.

Capítulo 8

"Provisión sobrenatural"

"Vuelve a tu tierra, vuelve a tu lugar,

que en tu casa te llaman

aquellos que te aman".

¡Doña Luz regresó! ¡Sin avisar! No sabía si alegrarme o llorar. Los nervios tomaban control de mis piernas que temblaban. Dios mío, ¿cómo era posible? Mi madre regresaba de su largo viaje y, en lugar de alegrarme, tenía muchísimo miedo de cómo nos encontraría. ¿Se enojaría mucho conmigo? ¿Me castigaría otra vez?

Fui con mis nenitos en los brazos, temerosa; subí la entrada a la casita y ella estaba adentro esperándome.

¡Cuánto misterio e incertidumbre! Tenía tantas ganas de salir corriendo por el camino contrario, pero a la misma vez tenía que entrar y enfrentar aquella situación. Yo sentía que me regañaría mucho porque no pude controlar la rebeldía de mi hermanita Carmen, ya que la enviamos con mis hermanos pequeños a casa de la familia de mi padrastro, pero era preferible eso a que continuara conmigo ya que éramos dos adolescentes creciendo sin guía y sin amor. O tal vez se molestaría porque no pude cuidar su casita a tiempo completo porque el padre de mis hijos no me lo permitía. El momento de su llegada fue para mí, algo sorpresivo, no solo por su presencia, sino por lo que sucedería después.

Frente a frente con mi madrecita, la vi tan hermosa, su piel blanca, reluciente; su cabello largo negro azabache y sus ojos llenos de lágrimas al ver a su hija pródiga: la primogénita la que ya no tenía belleza… Yo había bajado tanto de peso por el sufrimiento y maltrato. Sus dos nietecitos estaban callados y tristes: Misaí todavía tratando de recuperarse y Christian, con temor de acercarse a ella porque no sabía si recibiría un abrazo o un golpe, pues esas eran las reacciones que obtenían de los adultos.

—¡Hija! —me dijo—. ¿Qué pasó con ustedes? ¡Estás casi cadavérica! ¿Quién te ha hecho todo esto?

Me abrazó y por primera vez en mi vida encontré a mi madre, a la que yo hubiese querido tener en mi niñez. Nuestra conversación se limitó a abrazos y besos en mis mejillas, caricias con sus manos suaves. Yo no entendía nada de lo que pasaba, y aquel miedo que yo le tenía se transformó en sorpresa, no dejaba de sentirme rara con la situación, ya que no estaba acostumbrada a recibir amor de personas que no fueran mis hijitos o mis abuelos.

La casa se llenó de risas una vez más. Ella llegó con un acento nuevo y con ropas lindas y perfumes delicados. Nos contó historias de aquel mundo desconocido para mí. Mi corazón se aceleraba cuando ella contaba lo bello que era aquella gran ciudad donde vivía y donde la expresión más común era: «Oye, chico, ¡ven acá!»; me daba risa porque era mi madrecita, pero a la vez era alguien a quien comenzábamos a conocer, ya que venía con tanta vitalidad y ganas de volver a comenzar con nosotros: era mi madre nuevamente y casi mi amiga.

Pasamos tantos días unidos como nos fue posible. Retomamos el control de nuestras vidas, aunque las cosas sucedidas en el pasado habían afectado en mi autoestima de una manera inimaginable; tanto así que muchas veces me vi parada a la orilla del mar, viendo el horizonte, llorando y sintiendo un gran vacío dentro de mi pecho, un dolor tan grande que no podía expresarlo. Miraba al cielo para encontrar la mirada de mi Padre Celestial, pero pasarían años para poder encontrarme cara a cara con Él nuevamente.

En Eclesiastés nos dice:

«Todo tiene su tiempo... El momento en que se nace, y el momento en que se muere; el momento en que se planta, y el momento en que se cosecha... el momento en que se llora, y el momento en que se ríe; el momento en que se sufre, y el momento en que se goza.»

Yo seguía todavía en el tiempo de llanto, pero había un porqué y un propósito. Si tú eres uno de los tantos que llevan mucho tiempo sufriendo y la situación parece interminable, te sugiero que le pidas a Dios te revele en qué área de tu vida necesitas que él te moldee y así tu tiempo de lloro pasará al de gozo en Su presencia. No hagas lo que hice yo, que en mi ignorancia aprendí a culpar a otros de mi desgracia y no podía darme cuenta de que era yo la que debía permitir que Dios limara mis debilidades.

Al poco tiempo, mi madre reveló el motivo de su regreso. Me sorprendí cuando me enteré de que su amigo, el más humilde de todos, un campesino que estaba muy agradecido con mi madre porque era una mujer muy bondadosa y carismática, tomó papel y lápiz y le escribió una carta. Le contó todo lo que sus hijos estábamos sufriendo sin ella; y sin más, ella empacó lo que pudo y regresó a Guatemala sin avisar a nadie. Así recuperó a sus hijos pequeños y trató de acercarse a mí, sabiendo que yo no solo estaba alejada de ella física sino también emocionalmente.

Eugenio me había dejado en un lugar pequeño y se había ido a trabajar lejos, ya había pasado más de un mes, y al saber que mi madre había regresado, él decidió buscarme. Al entrar a visitar, mi madre nos confrontó:

—Dime la verdad —preguntó ella—. ¿Acaso te pega? Dime si te trata mal porque sin necesidad de que me lo cuentes, tu aspecto te delata.

Yo, llena de miedo por dentro, me callé y agaché mi rostro. Él, a mi lado, aparentando un abrazo, me pellizcó fuertemente para que yo no diga palabra alguna. Pero eso fue el detonante. Cuando me soltó, yo hablé, más bien grité, grite y corrí a esconderme detrás de mi mamá. Ella dijo:

—De todas maneras yo ya sé. Me lo han contado todo. En ese momento, le dije: —¡Mamá! —Temblando de miedo, añadí—: Él me va a matar.

¡Tiene un cuchillo en la mano!

Mi madre, aquella mujer que no imaginé que me defendería con su vida, se enfrentó a él como una osa que cuida a su cría. Yo solo lloraba con angustia en el alma. Ella lo sacó de la casa. Gracias a Dios, los vecinos salieron para ayudarnos. Eugenio, con voz amenazante me ordenó irme con él o sino me arrepentiría y sufriríamos las consecuencias mis hijos y yo. No entendía en ese momento por qué aquel hombre pasaba de ser apacible a ser agresivo de un momento a otro.

Hoy entiendo que cuando un ser humano acepta al Señor en su corazón, recibe perdón y sanidad de su alma, además Dios también lo libera de las ataduras demoníacas y rompe las cadenas generacionales. Este hombre sufría en verdad en su espíritu, estaba atado al pecado y maldiciones que sus ancestros le habían dejado, ya que su mismo padre había muerto solo, abandonado y rechazado por ser violento.

Aquel día fui liberada de aquel yugo que llevaba encima, y mis hijitos y yo comenzamos una vida nueva. «No será fácil», pensé. Pero había recuperado a mi familia y comenzaríamos a ser una verdadera familia.

Mis hermanos ya habían crecido. Ángel era un adolescente que contaba con una belleza heredada por mi madre y el carácter y gestos parecidos a su padre. Él era una mezcla de ambos, pero también era un muchacho a quien le costaba sonreír. Cuando era pequeñito, era amoroso y sonreía por todo, era muy conversador; pero un día que su padre llegó del trabajo y Angelito salió corriendo a darle la bienvenida, en lugar de encontrar un abrazo, recibió un golpe que lo botó al suelo. Nunca supimos por qué lo hizo; desde ese entonces, mi hermanito bello cambió tanto que no volvió a mostrar cariño a nadie de ninguna manera.

Comencé a trabajar en una pequeña farmacia del pueblo en donde me pagaban justo para poder alimentar a mis dos pequeños hijos, ya que mi comida la tenía asegurada en la casa de mi madre. En ese lugar aprendí tanto como pude para ayudar a Misaí para que se fortalecieran sus huesitos y por fin aprendiera a caminar y pudiera desarrollar de alguna manera porque había pasado el tiempo y él seguía arrastrándose por el piso para trasladarse. Él lloraba todo el día sin parar porque sentía dolores en todo su cuerpecito y nada podía consolarlo. Gracias a Dios, los médicos visitantes conocieron mi caso y me regalaron muestras de medicamentos y me indicaban lo que debía hacer para reconstruir su flora intestinal y fortificarlo. Nada me detenía, ningún sacrificio era suficiente.

Un día, mi madre y mi padrastro se reencontraron en la calle. Él había llegado determinado a vengarse de ella y le dio tal golpiza que la mandó al hospital con una costilla rota, heridas en la cabeza y el rostro necesitado de suturas. Él se sentía traicionado porque ella había regresado acompañada de un amigo, amigo que también venía a reencontrarse con su esposa e hijos. Ese detalle, él no lo quiso aceptar ya que estaba enceguecido por los celos, celos absurdos ya que él era quien había sido el rey de los infieles.

Nos fuimos a vivir a la casa de mi abue temporalmente; abandonamos la casa donde habíamos crecido.

Como en muchas familias, nacimos con la herencia de las costumbres católicas: bautizamos a los niños cuando son muy pequeñitos (cosa que yo no hice, pero sí lo hicieron conmigo) y se pide a alguien que apadrine al niño. Yo tenía una madrina, y en uno de mis desesperados momentos de necesidad económica, recuerdo me fui con mi bebé, Misaí, a su casa.

—Por favor, madrina, Lidia, présteme Q5.00 (equivalente a 65 centavos de dólar) —le supliqué—. No tengo para la incaparina de Christian y tampoco para Misaí. Solo por hoy,

¿Puede ayudarme? Le prometo que en cuanto pueda se los pago.

Nunca antes le había pedido algo semejante a aquella mujer. Ella guardó un silencio extraño ante mi petición, y luego me respondió:

—No puedo, hija, estoy construyendo mi casa y esos Q5.00 me sirven para un bloque de construcción... y la verdad, en tu condición nada me asegura me lo puedas pagar.

En ese momento sentí como si me tiraran agua con hielo que iba desde mi cabeza y entraba en mi corazón y me sacaba todo el amor que tenía. Aquella mujer grandota por su obesidad tenía el corazón tan diminuto que olvidó la promesa que hizo de protegerme si hacía falta.

Salí de allí, mis lágrimas rodaban sin que yo pudiera detenerlas. Pero ese día pasó y alcanzó el alimento para el final de la noche. A la mañana siguiente, Dios me mostró que cuidaba de nosotros porque me levanté más temprano que de costumbre, dejé a mis hijitos bañaditos y le dije a mi mami, que todavía estaba aún postrada en cama:

—Mamá, ya regreso, voy a conseguir dinero. Ella me dijo:

—Ay, hija, que Dios te acompañe.

Caminé hacia la farmacia, repitiendo e imaginando lo que les diría para que me adelantaran Q20.00 de mi salario del mes. Miré al cielo y, con mi corazón latiendo aceleradamente, le dije a nuestro Padre Celestial:

—Dios mío, solo necesito Q20.00. Por favor, mira que con eso compro alimento: frijoles, arroz, incaparina y azúcar para terminar lo que falta del mes.

Repetía en el camino, sin importarme si alguien me escuchara y me tildaran de loca. Yo le decía a Dios:

—Sé que me escuchas allá en el cielo y sé que lo que escuchas en el cielo haces que ocurra en la tierra.

Así, conversando con Él en manera de súplica, llegué a la puerta de mi trabajo que todavía estaba con las puertas cerradas. Bajé la mirada, mi corazón latió más fuerte y comencé a saltar de felicidad. ¡¡Justo al pie de aquella puerta había Q20.00!!

¡Sí!, era lo que yo necesitaba y justo lo que había pedido a Dios mirando al cielo. Corrí con el billete en la mano y esperé que abrieran la tienda más cercana. Compré el alimento y con la misma velocidad que me permitieron mis piernas, fui a mostrarle a mi mami y mi abuela el milagro que Dios me había realizado. A partir de ese momento comenzamos a vivir por fe y dependiendo de

Su misericordia, ya que en esos mismos días, mi hijo Misaí, de dos años y tres meses, dio sus primeros pasos, los cuales fueron celebrados por mi familia de una manera inolvidable.

Capítulo 9

"De La Fantasía A La Realidad"

Por caminos no marcados caminé buscando un tesoro el mismo se hacía más lejano,

a pesar de eso, la esperanza no se perdió.

Al frente de la bahía, justo en la entrada, hay un Puerto, muy distinto al Puerto en donde vivíamos a pesar de estar tan cerca uno del otro. En donde yo nac

í es un paraíso rodeado de agua, vegetación y un cielo perfecto para soñar y escribir las mejores canciones y versos. Cuando subíamos a las montañas, en las caminatas entre amigos y vecinos, se podía disfrutar un aroma a flores refrescante, el sonido de las aguas del río además de las cataratas junto con las pozas de agua natural que eran tan frías, que cuando entrábamos nos llenaban de tanta frescura que no queríamos salir hasta finalizar la tarde. La trayectoria del regreso era toda una aventura; los grillos cantaban al unísono especialmente para nosotros, podíamos ver los pájaros de todo tamaño volver a sus nidos, las luciérnagas nos servían como pequeñas estrellitas a nuestro alrededor. ¡Qué bello era aquello! Es uno de los más bellos recuerdos que conservo en mis memorias. Dios nos dejó tantas cosas bellas que no necesitan ser modificadas: son perfectas tal y como son, con sus colores, aromas y sonidos y lo más hermoso de todo es que todo eso lo hizo para nosotros.

En el Puerto de enfrente había oportunidades de trabajo. Como era tiempo de tomar decisiones diferentes para salir adelante, retomé mis estudios de contabilidad y nos organizamos de una manera que nos funcionaba. Mi hermana Carmen había comenzado a trabajar en un restaurante y me decía:

—Hermanita, mira, anda allí. Sé que mi jefe te dará trabajo; con lo inteligente que eres, sé que te lo dará.

Yo me negaba porque en realidad no me veía trabajando en un restaurante. En el interior no me sentía capacitada para eso. Pero decidí ir a visitar a mi querida hermana pues para ese tiempo éramos grandes amigas. Ella se sentía orgullosa de mí y yo de ella porque yo era la débil y ella la fuerte; yo era la calma y ella era la alegría. Ella amaba a mis hijos, como nadie después de mí, y daba lo que fuese por ellos. Carmen era especial, era una jovencita de tez morena con los ojos más expresivos que recuerdo y una alegría inapagable.

Cuando llegué a aquel lugar, me pareció un sitio ideal para ausentarse de toda realidad. Parte de aquel restaurante estaba construido sobre el mar, era relajante y apacible. Pregunté por mi hermana y ella estaba en la cocina. La vi y me abrazó con fuerza. Ella estaba trabajando lavando los platos, subida sobre una caja de bebidas porque no alcanzaba la pileta en donde debía lavarlos, y en su rostro había felicidad por sentirse útil.

Comencé a trabajar y me convertí en una empleada ejemplar, ya que los horarios que se me otorgaron eran accesibles con mis estudios y con las posibilidades de velar a mis hijos. Además, el pago era bueno comparado a lo que antes ganaba en otro tipo de trabajos. En este lugar yo encontraba tanta alegría, un jefe comprensivo con todos, enseñaba todo lo que sabía hacer y el que tenía interés, aprendía, entre ellos yo. Aproveché a captar y absorber todo aquello que podía, desde cómo atender a un cliente de manera profesional hasta cocinar y manejar la contabilidad. Me llegó a gustar aquella rutina.

Al año de estar involucrada en todo lo que se refiere a lo laboral, empecé a darme cuenta de que Juan Carlos, aquel joven dueño de empresa, me trataba con más amabilidad que a las demás. Ya mi hermana no estaba con nosotros trabajando, le salió una oportunidad de irse a la capital de Guatemala y ella, con la emoción de la aventura, se fue y le recibieron muy bien en ese nuevo destino. Yo, por mi parte, continúe entre comidas y comensales que hacían línea esperando ser atendidos, entre la música alegre y la brisa del mar, con sus olas que no supieron advertirme lo que venía para mí.

Yo estaba bastante recuperada por fuera. Digo por fuera, puesto que entre los horarios de trabajo, más la escuela y los niños, tomaba pastillas para dormir y otras para mantenerme despierta. Este ritmo de vida llegó a un extremo cuando puso en riesgo mi salud.

Un día, me levanté del escritorio y no me desvanecí. Supongo que eso es lo que ocurrió porque no recuerdo nada más. Desperté al día siguiente y me encontré bajo los cuidados de aquel al que yo veía tan lejano a mí: Juan Carlos. Él estaba cerca y atento a mis reacciones; inspirándome la confianza de un amigo, me dio espacio para contarle todas mis desgracias pasadas. Yo estaba temblando yo como un pollito recién comprado. Allí comenzó nuestra complicidad: justo cuando necesitaba sentir una mano amiga y un hombro para llorar. Con el tiempo llegamos a tener una relación —algo que para mí era como la historia de la Cenicienta y su príncipe azul—. Lo veía sin defectos, atractivo como nadie, gentil y carismático, inteligente y con virtudes infinitas... Virtudes que poco tiempo después se irían desmoronando ante mis ojos.

Él tenía un pasado más tenebroso que el mío. Por un corto, muy corto, tiempo pensé que éramos felices, hasta llegué a sentir que él me amaba y llenaba el vacío que siempre existió dentro de mí; no me daba cuenta de que era algo artificial.

Pero Juan Carlos se fue y no volvió... fue cosa muy extraña y yo, ingenua, estaba preocupada. Los amigos llegaban y preguntaban, su madre llamaba por teléfono y no podía darle respuesta de dónde estaba su hijo.

—¿Sabes algo de mi hijo? — Preguntaba la angustiada madre—. Dime si a consumido algo.

No entendí en su momento a qué se refería, así que ella añadió:

—Mira, hija, él consume drogas y acaba de rehabilitarse.

Esta desaparición no me dice nada bueno.

Su mamá nunca se imaginó la tragedia que acababa de revelarme. Jamás pasó por su mente que yo no era solo la administradora del restaurante de su hijo... no sospechaba que había algo más entre nosotros y tiempo después se daría cuenta de la manera menos esperada.

Capítulo 10

"Dios Nunca nos Da La Espalda"

"Inimaginable tu destino,

el mañana no esperado,

las expectativas te sorprenden.

Dios, ten misericordia de tu hijo".

Un hermano mayor es más importante que un amigo, él siente la carga de ayudar y proteger a los más pequeños, siente el peso de la tristeza de la madre y por lo general trata de hacer las cosas bien, y hasta cierto punto ocupa el lugar de padre.

Ya tenía tres meses de embarazo de mi tercer hijo. Yo no sabía cómo manejar a Juan Carlos; él era tan amable que me cegaba. No medía la magnitud de la consecuencia de aquella vida que comenzaba a vivir con alguien drogadicto que vivía entre las nubes de una irrealidad que él construía a nuestro alrededor.

Un día llegó el hermano de Juan Carlos con aquella determinación que lo caracteriza —una de sus virtudes que lo llevaron a ser el hombre exitoso y sensato que es hasta el día de hoy—. Aquel día se llevó a aquel hermano que cada día se hacía más infantil en sus actitudes a causa de la droga. Esta fue la primera vez que yo fui separada del padre de mi hijo por su rehabilitación, la cual no llegó a ningún término porque me puso de excusa para salirse. Regresó al Puerto donde yo lo esperaba con un embarazo en riesgo.

Desperté una mañana con un sentimiento de pesadumbre. Lo que comía no se quedaba en mi sistema, ya no sabía qué hacer para poder ayudar a mi bebé a formarse sin problema alguno; sin embargo, cada día era más pesado e inestable que el anterior. Acariciaba mi pequeño vientre imaginando cómo sería aquella tercera bendición; al mismo tiempo sentía que debía luchar por su vida y ayudarle a llegar a este mundo sin importar cuánto me costara. Me levanté con poco ánimo; el camino a la sala se me hizo demasiado largo. Mi hermana Carmen pasaba unos días conmigo, acompañándome y cuidando de Christian y Misaí, a quienes ella amaba como si fuesen sus propios hijos.

Me llevaron al hospital con una hemorragia severa. Yo tenía anemia pues no comía, ni podía levantarme y hacer cosas normales como en los anteriores embarazos. Estando allí, nos dieron la noticia: tenía embarazo ectópico. No sabía lo que aquello significaba. El médico me explicó que el bebé no se desarrollaría, no crecería, que mi bebé estaba en el cuello del útero y tenían que realizarme un aborto obligatorio para salvar mi vida.

—¡¡Nooo!! —dije llorando—. No lo hagan. Yo siento que mi bebé quiere nacer.

Y oré:

—Dios mío, no sé cómo pedirte esto. Dame la oportunidad de que mi hijo venga al mundo, no quiero llorar otra pérdida... Ya con una pérdida ha sido suficiente para mí llevar ese sentimiento de culpa.

No permití que me intervinieran. Lograron detener la hemorragia y me enviaron a mi casa bajo mi propia responsabilidad. Debía cuidarme, sin levantar nada y permanecer reposo absoluto.

Eso dio la pauta perfecta para que Juan Carlos volviera a lo mismo, ¿qué podía hacer yo? Si cuidar de mí era complicado, ya mi madre y mi hermana me ayudaban suficiente con ver de mis dos hijitos mayores que ya comenzaban a sufrir las consecuencias de este segundo gran y grave error en mi vida.

Siempre recuerdo las palabras de la mamá de Juan Carlos cuando me dijo:

—Estás a tiempo, hija, escapa por ti. Mi hijo solo sabe hacer sufrir. Él no cuida de sí mismo, tampoco va a poder cuidar de ti.

Dentro de mí, yo pensaba: «¿Cómo es posible una madre hable así de su hijo? Qué mala es esta señora» Ellos eran de una familia con apellido de renombre y yo no les agradaba, sobre todo tomando en cuenta que a mi corta edad ya tenía dos hijos que eran de otro. Ellos nunca supieron las circunstancias de mi pasado, no me lo preguntaron y tampoco les interesaba; me imagino que era bastante con la pesada cruz de tener un hijo con problemas tan graves de drogadicción. Siendo ellos cristianos debían cargar con esta situación que no parecía tener solución.

El bebé logró llegar a casi a los cinco meses y medio de embarazo cuando comenzó a provocarme síntomas raros. Me fui al médico y me informó algo que me dio escalofríos: mi hijo estaba sentado y completamente enrollado en el cordón umbilical.

Una vez más me pusieron entre la espada y la pared: elegir entre la vida de mi hijo o la mía. A causa de los medicamentos y la falta de ejercicio, mi presión bajaba a límites peligrosos, había que operarme urgente y el peligro más grande era que no resistiera la cirugía y muriéramos los dos.

Entre planes y preparativos para ese gran día, enfrenté aquella situación sola, ya que por segunda vez, el padre de mi hijo estaba ingresado en rehabilitación esta vez en Puerto Rico; y yo solo trataba de tomar las cosas con calma. El 26 de octubre de 1992, por la noche, sentada en la orilla del muelle en aquel apacible mar atlántico, respirando la brisa salada, llenando mis pulmones de oxígeno, me preguntaba a mí misma qué pasaría al día siguiente. En aquel lugar, bajo las estrellas, éramos Dios y yo, conversando secretamente. Le pregunté:

—Dios mío, ¿estás conmigo como me prometiste? ¿Estarás mañana también? Solo te pido vida para mi hijo, ya yo no importo pues me he equivocado cada vez que he tomado una decisión en mi vida.

El 27 de octubre a las 3:00 pm, ya mi hijo Juan José estaba fuera de mi vientre y no lloraba. Yo preguntaba:

—¿Por qué no llora? ¿Qué pasa?

Vi el rostro de preocupación de los médicos que corrían de un lado a otro con las enfermeras sin responderme. Después de unos instantes, ¡al fin escuché su llanto!

Capítulo 11

"Cuatro Ángeles Enviados Por Dios"

Marché sin despedirme.

Me fui sin decir adiós.

Siempre quise explicarlo...

no pude... no se me permitió.

Qué lindo aquel bebé, grande hermoso, tan perfecto. Llegaron las abuelas a verlo y su padre volvió a visitarlo de momento. Tenía quince días de nacido y era tan grande que parecía de varios meses. Juan José significó un cambio de vida. Sus abuelos habían ido a verlo y, al ver mi condición, me ofrecieron irme con ellos hasta el otro extremo del país. Era un viaje largo, pero como yo no podía mantenerme sola, acepté. No me dieron tiempo para despedirme de mis otros hijitos.

Al llegar a aquella finca de cafetales hermosos, vi lo que quizá es uno de los paisajes más bellos que he visto. Había un volcán a lo lejos y se sentía un frío que yo jamás había conocido; allá en mi Puerto no existen lugares tan fríos y tan hermosos a la vez. La casa de los padres de Juan Carlos era admirable; tenía una chimenea, jardín y siempre había comida y ropa bonita. Allí me quedé con mi bebé; pero yo lloraba todos los días, mis lágrimas eran interminables. No era depresión postparto: me sentía incompleta, desolada y necesitaba tener a todos mis hijos conmigo. Ellos eran lo único que era mío porque en aquel lugar nada era mío. Me sentía vacía, molesta y triste.

A pesar de que había comenzado una vida nueva lejos de aquel Puerto donde había pasado tantas penurias, yo me sumergía más en la depresión. Hasta que por fin, mi madre llevó a mis dos hijitos. Recuerdo sus lágrimas y el momento en que me dijo que me los entregaba en contra de su voluntad... Yo solo quería tener mi familia junta.

Las mañanas frías con aroma a café, me fueron conquistando, y al poco tiempo sentía que era el lugar perfecto para mis hijitos y para mí. Tenía la quietud adecuada como para escuchar mis pensamientos y el latir de mi corazón decirme que debía pensar en un futuro cercano, pero no lo percibí. En aquella finca de cafetales y moras encontré el silencio. Las nubes parecían tan cercanas y pasaban rápido ante aquel bello paisaje.

Los abuelos de mi hijito nos llevaron a la iglesia y allí retomé mi comunicación con mi verdadero Padre, pero todavía yo no había entendido el propósito de mi vida, todavía faltaba pasar muchas cosas antes de entenderlo y tomar el lugar que me correspondía.

En pocos meses, los conflictos se fueron agrandando, yo no lograba encajar con aquellas nuevas personas en mi vida; en todo lo que hacía era sumamente criticada y denigrada.

Yo no tenía sus costumbres ni su educación, yo venía de aquella pequeña bahía en donde las escuelas son públicas (o semipúblicas), donde aprendemos pero los modales de alta alcurnia no existen.

Cuando menos lo pensé, ya estaba con un cuarto embarazo, con una vida en la que no encajaba, a la que no pertenecía, viviendo día tras día solo permitiendo que las cosas pasaran, permitiendo a que otros continuaran decidiendo por mí. ¿Era cobardía? ¿Falta de madurez? No lo sé. Pero si sabía que dentro de mí, el corazón se desgarraba de verme hundida en la tristeza... nuevamente me había separado a mis hijos Christian y Misaí.

Mientras tanto yo seguía recibiendo regaños y reproches de Juan Carlos y su madre. Nunca pude tener contentos a ninguno de ellos: si hablaba, era malo; si callaba, también; si cometía un error, era inaceptable; y si no hacía nada, también.

Al poco tiempo de dar a luz a mi cuarto tesoro, llamé a mi madre para informarle sería abuela, ella lloró por las emociones encontradas, puesto que hacía mucho tiempo que yo no le dirigía la palabra. Me sentía herida y las raíces de amargura me consumían y estaba aislada de la única persona que a lo mejor podía rescatarme de aquella cruel realidad que estaba viviendo. Mi bebé nacería al día siguiente por medio de una cesárea programada.

Llegó el día. A las 11:30 a.m. escuché el primer grito de mi hijo Carlos; mi bebé hermoso con aquellos grandes ojos azules, flaco y pequeño, pero con una voz tan fuerte como la de un conquistador. Dios me bendijo con esa nueva creación que puso en mis manos.

Aquella declaración que hice en mi niñez, mi plegaria a Dios, se cumplió al pie de la letra. Le había pedido a Dios hijos varones ángeles y así fue:

Bendito el fruto de mi vientre. Bendita me considero por Jehová quien hizo los cielos y la tierra y todo lo que en él hay.

Bendijo mi vientre cuatro veces tal como lo declaré a mis cortos once años; sin saberlo, profeticé sobre mi descendencia:

«Hijas jamás tendré. Hijos varones serán, cuatro ángeles, Dios me dará

y de mí cuidarán».

Capítulo 12

"Pequeños Grandes Gilagros"

"Tú, Señor, eres fiel y verdadero. Cuidas de tus hijos con tu mano. Inquebrantables son tus promesas y das tu inagotable provisión".

En contra de mi voluntad, la madre de Juan Carlos arrancó a mis hijos de mis brazos y los llevó a un orfanato. Ella fue muy cruel y yo muy débil, pero esa situación se convirtió en algo bueno para nosotros. En la casa hogar Aleluya, ubicada en San Lucas, Sacatepequez, curaron nuestras heridas, remendaron nuestras alitas y poco a poco nos enseñaron a volar.

Mis hijos vivían allí, pero compartían conmigo los fines de semana. Gracias a la intervención de la mamá de Juan Carlos, quien era amiga de los propietarios del lugar, comen una nueva etapa ayudando a Amalia en la cocina. Ella era una mujer entregada al Señor, viuda y con dos hermosas hijitas por quienes ella daba la vida y se sacrificaba en aquella cocina desde las 4 o 5 a.m. hasta las 5 p.m., atendiendo a aquel montón de niñitos   que esperaban con alegría sus pancakes en las mañanitas y sus almuerzos deliciosos al medio día.

Mis hijos y yo pasamos casi dos años refugiados en paredes de la Casa Hogar a la que yo consideraba un refugio.

Las navidades eran tan alegres, llenas de regalos que los extranjeros donaban para que nosotros, tanto para grandes como para los niños. Era tan perfecto aquel lugar, había comida saludable, gente agradable, y sobre todo, Palabra de Dios. Nos enseñaban que Dios era nuestro Padre, que Él siempre cuidaba de nosotros y que, a pesar de no verlo, debíamos sentirlo y respirarlo. En ese lugar estábamos apartados del mundo cruel; alabábamos a Dios día y noche; los niños aprendían la Biblia antes de las letras del abecedario. No sé cómo lo lograban, pero había paz en aquel lugar. Los trabajos asignados los realizábamos con gusto porque estábamos agradecidos de tener techo y un lugar donde dormir y comer todos los días.

Dios nos permitía de este modo comparar la diferencia de vida que nos estaba dando, nos había librado de aquel peligro constante de vivir con un padre alcoholizado, bajo efectos de la droga o neurótico cuando entraba en sus crisis. Dios fue fiel en todo momento al llevarnos a la casa Aleluya.

Conforme pasaron los meses, notaron que yo era una mujer inteligente, con deseos de salir adelante, que tenía un vocabulario perfecto y una caligrafía hermosa. Micke, al que todos llamábamos papi de cariño y quien estaba a cargo de la casa hogar, me dio la oportunidad de estudiar el último año que me hacía falta para graduarme como perito contador. Al terminar y sacar mi título, estaba ya lista para rehacer mi vida.

Salí yo primero para rentar una casita y obtener un trabajo digno, pero al tener todo listo, no querían entregarme a mis hijitos porque creían que yo no estaba apta para tenerlos conmigo. Me llené de indignación y enojo. Ellos tenían su propia opinión; al verme tan joven, no lo entendían y no me dejaron más opción que secuestrar a mis propios hijitos, Salí sin dejar rastro alguno sin que supieran a dónde me dirigía.

Pasé unos días en casa de mi madre y cuando todo se calmó, volví al lugar donde había rentado la casita y allí comenzamos, mis tesoros y yo, una vida nueva; con obstáculos y todo, pero estábamos juntos por fin. Los de la familia de Juan Carlos estaban al pendiente de mí, y me ayudaban pagando la renta de la casa para yo cubrir el resto de los gastos. Traté de sobrellevar los problemas económicos; pero nunca me quejaba, solo miraba al cielo y en secreto con mi Señor, planeábamos cómo haríamos para resolver el sustento del día siguiente.

En la colonia Santa Ana éramos famosos y yo no lo sabía. Comencé a enterarme de que la vecina de la esquina les regalaba huevos de pata a mis hijitos Charlie (Carlos) y Juan José, los chiquitines traviesos. También me informaron que la dueña de la tienda les daba crédito cuando yo no tenía dinero para alguna golosina. A los cuatro por igual, mis vecinos los amaban y eran amigos de los muchachos del barrio. Lo extraño era que yo no conocía a nadie: vivía enfocada en proveer calladamente.

Recuerdo que un día no había nada para la cena y se me ocurrió la genial idea de llevarlos a jugar básquetbol a la cancha de la colonia para hacer que se cansen y que no sientan hambre. Jugamos hasta el cansancio y, de repente, Charlie dice:

—Tengo hambre.

—Yo también —asintió Juan José. Les pregunté:

—Y, ¿qué quieren comer?

—¡Pan de banana! —respondió Christian.

—Y, ¿qué quieren tomar? —pregunté.

—Uy —dijo Misaí—, ¡un vaso de leche!

—Bien, eso comeremos entonces —respondí con un nudo en la garganta. Lo afirmé sin saber de dónde sacaría el alimento para mis hijos.

Volvimos a casa y cuando llegamos, en la puerta había cuatro pedazos de pan de banana y un litro de leche… ¿Quién había sido? No había nadie más que nosotros en aquel lugar oscuro y ya estaba entrada la noche. Me puse a llorar por dentro, pero puse una sonrisa en mi rostro y mis hijos saltaban de la felicidad. Aquella noche fue inolvidable, Dios me mostró una vez más que Él es mi proveedor y protector, como dice en su Palabra en Salmos 37:25: «Yo fui joven, y ya soy viejo, y no he visto al justo desamparado, ni a su descendencia mendigando pan»

Capítulo 13

"Conociendo A Mi Papá"

Cada paso que doy mi bien, pienso en ti. En cada mirada al cielo suspiro por ti. Mis ojos se iluminan al ver tu creación.

En tus manos está mi vida, tú velas por mí.

Tenía 26 años y mis hijos eran cada vez más bellos, unidos y hermosos, y entraban ya en la etapa de la curiosidad. Christian, como buen hijo mayor, veía las cosas de diferente manera, siempre era directo y expresaba sus conclusiones; a pesar de que era un niño, razonaba como alguien maduro. Una vez me preguntó:

—Mami, ¿cómo se llama mi abuelo?

—¿Qué abuelo, hijito? ¿Te refieres a Ángel?

—No, mamita, él es mi abuelastro, eso lo tengo claro; yo pregunto por tu padre, tu verdadero padre.

—Está muerto, hijito —respondí, disimulando la tristeza de mi corazón—. Al menos eso me han dicho.

Mi hijo volvió a preguntar:

—¿Estás segura? ¿Acaso has visto su tumba? ¿Por qué no lo buscas? Porque, fíjate que si nosotros crecemos y nos enamoramos de alguien que sea de su familia, no va a ser nuestra culpa.

Eso me hizo dar un brinco dentro de mi ser, me asustó y me motivó a hacer algo que jamás en mi vida se me había ocurrido. Llamé a mi madre por teléfono ese mismo día y le pregunté:

—Mami, sin el afán de molestarla, por favor, necesito me cuente cómo era mi padre, dónde nació, cómo era su familia... cuénteme de dónde vengo.

Ella me dijo:

—A estas alturas, ¿para qué quieres saberlo, hijita? ¿No ves que a los muertos debemos dejarlos tranquilos? Le expliqué a detalle la conversación reciente que había tenido con mi hijo y ella accedió a darme la información que me llevó a abrir una puerta que yo nunca había podido abrir por mí misma.

Luego, llamé a la municipalidad, preguntando por los registros de defunción y di el nombre y apellido de mi progenitor. Allí fue donde me enteré de que, para mi sorpresa, él no estaba muerto. Como cosa ya controlada por la misericordia de Dios, aquella empleada de la municipalidad resultó ser novia de un primo mío; ella estaba tan sorprendida como yo de este descubrimiento.

Resultó que él había estado viviendo en los Estados Unidos desde que yo había tenido aproximadamente un año de edad, justo en la época en la que el desapareció y mi pobre madrecita bella recibió la fatal noticia de su fallecimiento. Pero la verdad era que, según él, había ido varias veces a Guatemala a buscarme y como no tuvo éxito, se dio por vencido.

Mi padre, al saber de mi existencia, regresó a conocerme. De un momento a otro, gané a un padre vivo, una abuela amorosa, un abuelo súper bueno y una familia grande. Al poco tiempo nos conocimos en persona y recuperamos el tiempo contándonos nuestras historias. Vivíamos tan cerca de la familia de mi papá y a la vez nos sentíamos lejanos: yo, con un apellido que no me pertenece, que al inicio se me puso con amor y buena intención, y que luego se convirtió en algo impuesto y por obligación. No podía usar el de mi verdadera familia paterna, debía resignarme a ser por ley hija de Ángel de Paz y no de Carlos Arriaza; en esa época, me frustró, pero nada podía opacar aquella nueva alegría en mi vida.

Mi padre regresó a los Estados Unidos después de haber pasado unos días con nosotros. Él se fue con planes para recuperar su ausencia en mi vida. No sabía si volvería a verlo, pero ya solo el hecho de haberlo conocido, para mí fue algo muy grande porque llenó un vacío que había mantenido durante años.

Dos años después me encontré con la disyuntiva más grande de mi vida: Juan Carlos desapareció. Como ya no tenía una relación sentimental con él, mis hijos y yo nos quedamos sin hogar. Al principio me refugié en la casa de mi madre, pero no fue por mucho tiempo ya que éramos cinco. Además fui rechazada por mi hermano, quien fue influenciado por su pareja en ese entonces

En ese período, Charlie enfermó y su abuela me propuso ir a una clínica en Chimaltenango para internarlo. Así lo hice y dejé a Juan José con ella, mientras yo acompañé por una semana a Charlie hasta su recuperación. Cuando volví la casa de mis ex suegros para recoger a Juan José y volver al Puerto, para mi sorpresa, me hicieron una propuesta: debía dejar a mis hijitos pequeños con ellos e irme a los Estados Unidos con mi padre por los menos durante un año y luego podrían devolvérmelos.

En realidad, más que una propuesta era una orden, así como muchas otras que me habían dado en el pasado. Todo había sido preparado: había un abogado que tenía documentos detallados que decían que yo renunciaba a mis hijos para dejarlos con sus abuelos paternos.

La justificación que me dieron era que yo era pobre... por no estar supuestamente capacitada para darles una vida digna a mis hijos. No recuerdo cuántas veces intente llevármelos a escondidas sin éxito alguno. Recuerdo el llanto de mi Charlie, pidiéndome que no lo dejara en aquel lugar con una abuela que no lo quería ni aceptaba. Recuerdo ver a Juan José sujetar a su hermanito para que yo pudiera irme y en su rostro reflejar seguridad por mi regreso.

Intenté irme a los Estados Unidos, pero en la embajada me negaron la visa. No sabía qué hacer, así que con el único deseo de recuperar a mis hijos, tomé la decisión de dejar con mi madre a mis dos hijos mayores, Christian y Misaí, y buscar otra forma de irme del país. Me preguntaba: ¿Cómo es posible vivir una vez más algo tan difícil? Estar separada de mis hijos era algo que jamás pensé que se repetiría. ¿Qué nueva jugarreta del destino era esta?

Capítulo 14

"La Triste Despedida"

En mi memoria conservo tu recuerdo,

tu blanca y delicada mano

diciéndome «adiós»,

un adiós sin regreso;

hubiese querido un «hasta pronto».

Mi Lucecita, sigues en mis pensamientos.

Gracias infinitas por tanto amor.

Pasada la media noche, en una larga conversación con mi madre, veía a mis hijitos dormir. Extrañaba a Charlie y Juan José, pensaba si tendrían frío y si serían tratados dignamente ese día. Conversaba con mi mamá, mi amiga, y un tema nos llevó a otro y hasta que logré tocar un tema pendiente entre: esa fue la noche en que le confesé la verdad de mi primer embarazo.

Llegó la hora de irme, Christian y Misaí estaban dormidos y le di un beso en sus caritas. Antes de que ellos se acostaran les dije que haría un viaje muy largo, pero que estaba segura que Dios haría todo para juntarnos y no separarnos más.

Luego, caminando con mi madrecita bella continuamos la conversación y ella me dijo:

—Hija, ¿por qué no me habías contado antes? En ese momento debiste habérmelo dicho.

Nos abrazamos como nunca antes lo habíamos hecho. Nos pedimos perdón, llorando profundamente, en ese instante éramos una sola, así como cuando estaba yo en su vientre.

Madrecita mía, mi bella Lucecita, esa fue la última imagen de ella que tengo en mi memoria: una mujer en aquella solitaria estación de autobús, llorando y agitando su blanca y delicada mano diciendo adiós.

Mi viaje fue demasiado largo. Una vez que salí de mi país, mi padre biológico me recogió en el aeropuerto de Los Ángeles y me llevó sin decirme a dónde.

—Espero que en un año logre recuperar a mis hijos —le dije.

—Si piensas volver en un año, no creo que lo logres —me respondió.

Sentí desplomarme.

—¿Por qué? —pregunté.

—Porque primero tienes que pagarme la deuda de tu viaje

—dijo.

Y así fue comencé a trabajar para él en su restaurante con un salario que solo me alcanzaba para mandarle $50 a mi madre una semana, y la siguiente, a mi ex suegra para que solventara la manutención de los cuatro nenes. El resto de mis ingresos servían para pagar el alquiler en casa de mi tío Manuel. Me quedé allí desde el primer momento, ya que la esposa actual de mi padre no sabía de mi existencia y no me explicó por qué me seguía negando. Lo que quedaba de mi sueldo era para pagar mi deuda con mi padre. Al enterarse mi madre de lo que yo estaba viviendo, ella se molestó muchísimo ya que mi padre nunca había colaborado para mi sustento y esta vez que tenía la oportunidad de apoyarme, cosa que no estaba haciendo. Se desató la polémica cuando su esposa se enteró de mi existencia. No fui aceptada porque les dio miedo de que yo tuviese el interés de reclamar algo por ser hija mayor.

Debido a tantas discusiones, me encontré de repente sin un lugar donde dormir ya que ellos no querían que continuara viviendo en su casa. Es así como, en menos de seis meses de haber llegado a los Estados Unidos, me encontraba en la calle durmiendo en una parada de autobús, sin saber a dónde ir, con una maleta en mano y sintiendo el frío que me hacía temblar. No tenía muchas opciones, pero me armé de valor y llamé a mi compañero en la escuela donde había comenzado a estudiar inglés. Él, muy gentilmente, me llevó a la casa de su tía a pasar la noche. Desde ese día me quedé sola en un país en donde todo era extraño para mí: desde el idioma hasta sus costumbres y su gente.

No hacía mucho, yo había comenzado a trabajar en una zapatería en el centro de Los Ángeles. Allí, una de mis compañeras de trabajo llamada Daysi se convirtió en mi amiga y mi hermana mayor. Ella me ayudó con sus consejos y protección. Ella y Francisco, su pareja, (su buen Pancho, como ella le llama), me tomaron un cariño tan especial y me dieron morada. El resto del año fue mejor, tenía un poco más de ingresos gracias a mis dos trabajos. Yo hacía lo posible por recaudar dinero para volver a Guatemala antes de que los doce meses se cumplieran. Para eso enviaba todo mi dinero fielmente a mi madre para que lo guardara; además enviaba mercadería para poder iniciar un negocio y volver cuanto antes. Sin embargo, ocurrió algo inesperado: el dinero no había sido guardado en mi cuenta... había perdido mis ahorros.

En ese mismo tiempo, Juan Carlos volvió a caer en las drogas y sus padres lo enviaron a rehabilitación a la fundación Remar en Fort Lauderdale, en Florida. Su viaje a los Estados Unidos me pareció una oportunidad para recuperar a mis hijos, mis tesoros. Ellos eran el motivo que me impulsaba a seguir; vivía alimentada de la esperanza de volver a verlos.

El plan era perfecto: la madre de Juan Carlos, confiada en la recuperación de su hijo, me planteó viajar para esperarlo y si lo hacía, me entregaría a mis hijos. A pesar de que en mi corazón tenía dudas sobre el asunto debido a las experiencias vividas antes con él, igual, tomé un avión y llegué al aeropuerto donde esperé por horas.. Pero nadie llegó. No sabía si regresar a Los Ángeles o ir de inmediato a Guatemala.

Llamé por teléfono a mi madre llorando desesperada, y ella me aconsejó no volver, sino localizar a mi padrastro, quien ya tenía varios años viviendo en Miami. Lo llamé y esperé. Poco tiempo después llegó por mí aquel hombre pequeño y callado. Sin saludarme, agarró mi maleta y me llevó a su auto. Yo caminaba lo más rápido que podía y trataba de conversar con él para romper el hielo; pero en mi corazón solo había temor por no saber a dónde me llevaría.

Cuando llegamos a nuestro destino, me recibió mi hermanastro que hacia tantos años no veía. Él me sonrió y recibió con su acostumbrada bondad y alegría. Yo estaba feliz de verlo y tener la oportunidad de conocer a su bella esposa que estaba embarazada. Pese a la amabilidad que me mostraron, no permanecí por mucho tiempo, yo debía construir una vida por mí misma.

No podía evitar sentir que cada vez que trataba de hacer algo bueno, se arruinaba. No sabía por qué a esas alturas de mi vida todavía me sentía tan inútil y sin rumbo. Para colmo de males, llegó la tragedia del 11 de septiembre del 2001, esa aterrorizadora fecha cuando cayeron las Torres Gemelas en Nueva York. Todo era un caos y la situación se volvió tensa en todos lados. Comencé a trabajar y acepté diversos empleos, siempre y cuando fuesen decentes. Limpié pisos, baños, fui mesera, vendedora en una sala de ventas; y todo lo hacía con esmero y agradecimiento puesto que me fui envolviendo en el sistema del sur de la Florida, conociendo gente que me respetaba como persona y como mujer. Me di cuenta de que las cosas mejoraban poco a poco según me esforzaba.

Pese a las mejoras, no me sentía satisfecha, aquel vacío había vuelto. Mirando al cielo, preguntaba:

—Dios mío, ¿qué puedo hacer? Dime dónde quieres que esté. Si tu voluntad es que me quede en este país, por favor, concédeme el milagro de traerme a mis hijitos; y si tú quieres que me vaya, ayúdame a reunir dinero para volver con algo en las manos.

Capítulo 15

"El Reencuentro"

Llegaron a Guatemala unos misioneros que se enamoraron de aquel país tan acogedor y con tan bellos paisajes; era perfecto para un retiro y era para ellos, el paraíso deseado. Ellos construyeron una casa misionera en la finca de la familia de mis hijos Charlie y Juan José. Ellos, siendo tan pequeñitos, se unieron a aquellos misioneros y les ayudaron en la construcción con lo que podían: jalando piedras o llevando material de construcción. Así ayudaban a la obra de Dios. Al finalizar el trabajo, los misioneros en gratitud les preguntaron a mis dos nenitos inocentes qué deseaban de regalo por haber ayudado a construir. Mis hijos pidieron al unísono:

—¡¡A mamita!!

Como había testigos presentes, no se pudieron negar y así fue como Dios me hizo el gran milagro de devolverme primeramente a mis dos pequeñitos. Todo esto se lo debo a Dios, Él hizo realidad aquello que yo veía tan difícil: ese milagro de tener en mis brazos a mis pequeñitos. En octubre del 2003 nos reencontramos en los Estados Unidos para no volver a alejarnos. Ese día nos abrazamos y desde entonces somos inseparables.

En la actualidad son más altos que yo, pero de igual manera los amo; a ellos les tocó vivir la parte más difícil: la separación de su madre y el vacío creado por un padre ausente que jamás se hizo responsable de ellos.

Comencé una nueva vida con mis hijos, no era fácil cubrir las necesidades familiares siendo yo una madre soltera de dos niños de ocho y nueve años a mí lado y dos más adolescentes en Guatemala que todavía dependían de mí. A esto se sumaba estar sola, sin tener familia en un país lejos de mi tierra natal. Buscando diferentes alternativas de ingresos y dado que era muy buena en los negocios, aprendí el arte de vender por teléfono. Lograba organizar mis horarios a conveniencia de las horas de la escuela de mis hijos, y en temporadas bajas en ventas cambiaba de empleo para hacer cosas diferentes. Así mis hijos fueron creciendo de mi mano, en mis trabajos los conocían por siempre estar conmigo, especialmente Charlie, que no se separaba de mí. Él logró sanar las heridas de su corazón con más facilidad que Juan José, quien era más comunicativo. Él me contaba todo lo sucedido en mi ausencia y eso ayudó en su sanidad interna; con mucho amor, muchos abrazos de oso y besitos de mamita, la sonrisa de mi Charlie volvió a ser la misma que yo recordaba. Pero con Juan José, vivía otra experiencia, él era diferente, siempre lo fue, era más serio, además, dentro de él había un mundo de rencor contra mí. Le habían dicho una mentira acerca de mi partida, tenía la idea que su padre había desaparecido por mi culpa, que yo los abandoné y que jamás envié dinero para su manutención. Me costó un año aproximadamente ganarme su amor, le mostré los comprobantes de cada centavo que yo envié para ellos, además vio mis esfuerzos para sustentar nuestras necesidades y las de sus hermanos en Guatemala. También se dio cuenta de que su padre biológico se había casado y durante casi un año había dado muestras de querer enmendar su ausencia y colaboró con el gasto, pero no duró mucho y ya no los veía con la misma frecuencia. Ya no los llamaba cada día y las últimas veces los dejaba con las maletas hechas y no los recogía. Juan José, que era más grandecito, se desilusionó en gran manera al ver que, por enésima vez, su padre desapareció. Allí fue donde comprobó que yo no tenía la culpa de la adicción de su padre y que solo Dios podía entender y arreglar aquella situación tan compleja.

Un mes después, encontraron al padre de mis hijos en una habitación de hotel con el estómago reventado a causa de la droga.

Estaba casi muerto, lo llevaron a emergencia y lograron rescatarlo después de una seria cirugía. Permaneció en aquel hospital, conectado a tantas máquinas y tubos que fue una escena impactante para mis hijitos, para mí y para sus padres ya ancianos que vinieron desde Guatemala para llevárselo. Al salir del hospital, desconectado del respirador, pero con complicaciones para caminar, se levantó para salir a buscar drogas nuevamente, y allí ocurrió algo terrible: Juan José se tornó agresivo con su padre y sacó todo lo que tenía dentro de su corazoncito de niño herido y le dijo cosas irrepetibles. Desde ese día, mi hijo no volvió a ser el mismo, durante muchos años se volvió callado, encerrado en una burbuja casi impenetrable a la cual solo yo, con amor de madre, lograba entrar.

Para el año 2006, mi madre llevaba ya varios años en una condición de enfermedad, deteriorada hasta más no poder por la diabetes y el páncreas que ya no respondía a los tratamientos. Finalmente falleció el 21 de julio de ese mismo año; y tal como ella misma lo había presagiado, no volvimos a vernos en esta vida, pero antes de partir me dijo:

—Hija, no te preocupes por mí porque Dios me está purificando. Ya en poco tiempo, este cuerpo que me estorba lo voy a dejar y me iré con Cristo a Su gloria.

Ella era un ángel en mi vida, la mejor persona que Dios pudo elegir para que me llevara en su vientre y posteriormente en sus brazos, aquella que convirtió una plancha un instrumento de guerra para defenderse en la vida. Aquella mujer bella de condición humilde que nos enseñó que los vicios no llevan a nada, que las mentiras corrompen y que robar empobrece, nos dejó un legado de solo cosas buenas. Dios la tiene en Su gloria, segura estoy de eso porque para los que vivimos en Cristo, el morir es ganancia.

Al partir mi madre, mis hijitos mayores quedaron al desamparo, y sin dudarlo, volví a intentar traer a Christian. Ese 22 de diciembre a las 4:00 am, nos fundimos en un abrazo, por fin mi primogénito volvía a estar en mi regazo. Aquella noche, él no se desprendió de mí; a pesar de la felicidad por habernos reunido nuevamente, él me miraba con tristeza al ver la condición en la que sus hermanitos y yo vivíamos. El lugar en donde vivíamos era demasiado pequeño, es más, le decíamos «la cajita de fósforos». Mi hijo mayor era todo un hombrecito formado, a partir de ese momento jamás me volví a sentir desamparada, él era un muchacho de diecinueve cuyo rostro era muy parecido al mío. Él es protector, capaz de tomar decisiones y, sin saberlo, me dio el valor de darle un giro a mi vida como mujer.

Con mis tres hijitos conmigo, yo había entablado una relación personal con mi Señor Jesucristo. Oraba dando gracias todos los días por Su amor y misericordia. Trabajé los siete días de la semana para terminar de pagar mis deudas y poder enviar dinero a mi hijo Misaí para su universidad.

Todo esto se lo debo a Dios El hizo realidad aquello que yo veía tan difícil: ese milagro de tener en mis brazos a mis pequeñitos. Ese día nos abrazamos para no volver a soltarnos jamás, desde ese entonces somos inseparables, seguimos en el barco contra viento y marea. Hoy ya son más altos que yo, pero de igual manera sus te amo son míos, sus miradas de amor las recuperé, aunque no haya sido fácil, porque a ellos les toco la parte más difícil de sufrir, el aparente abandono de una madre y el vacío creado por un padre ausente que jamás se hizo responsable de protegerlos.

Dios escuchó mis oraciones y me lo saco definitivamente de mi vida, eso lo sé bien porque me envió un ángel a confirmármelo. Escuche que tocaron a mi puerta y al abrir era una anciana Hermosa con sus cabellos tan blancos como la nieve, sus ojos azules los más bellos angelicales que mis ojos han visto, con su vestido azul royal que le combinaban a la perfección con su mirada y con su biblia en la mano. La invite a pasar adelante y a compartir la mesa con nosotros, mientras yo terminaba de servir el almuerzo, ella se queda conversando con mi hijo Charlie de cosas que no logre escuchar.

Más adelante me enteraría que ella le estaba profetizando a mi hijo cosas maravillosas que pasado un tiempo, fueron compro-badas, pues le ocurrieron al pie de la letra. Sentada en mi mesa decreta sobre mí y los míos abundancia de todo bien y que, de hoy en adelante, jamás habría escasez en mi mesa.

Ella me pregunta cuantos hijos tengo y le digo 4 y me corrige que porque tengo solo cuatro sillas y no cinco, y le explico que sigo esperando Dios me devuelva a mi hijo Misaí y ella me dice: "arregla tu comedor y pon la silla para tu esposo la silla para tu hijo porque ellos vienen" mi corazón salto de gozo sin entender exactamente lo que ella decía porque "Esposo"? al finalizar ya en la puerta ella pone la manita en el corazón de mi hijo Juan José y le dice: "abre tu corazón al amor de Dios, hijito tú no tienes la culpa de lo sucedido, debes perdonar y liberarte de esa carga y salir de tu coraza" Eso fue impactante, y prosigue conmigo poniendo su manita sobre mi cabeza me advierte, "tu vida cambiara 360 grados, tus peticiones serán respondidas más allá de lo que tú te imagines ahora, solo no te asustes, no se turbe tu corazón, porque te va a quitar lo que no te sirve y te va a dar lo que sí es tuyo, solo debes ser fiel a Dios".

Le agradecimos su presencia, puse llave en la puerta y nos alejamos unos pasos y nos dimos la vuelta para ofrecerle llevarla a su casa, pero ella había desaparecido ante nuestros ojos. Jamás supimos explicarnos mis hijos y yo quien era aquella bella visita más que asumir que fue un ángel enviado por Dios a nuestra casa.

Ese día Charlie se dirigía a un retiro espiritual ya que había logrado reunir el pasaje junto con los hijitos de Doris mi Buena amiga Doris, aquella la que siempre tenía la palabra adecuada para exhortarme y para aconsejarme en el momento perfecto, ella la que me dijo "No basta que conozcas a un hombre bueno, bueno puede ser cualquiera, pero tú debes pedirle a Dios tu esposo aquel que tiene guardado para ti, aquel que primero tenga a Dios en su corazón porque si no es así no vale la pena" gracias amiga Doris cuánta razón tenías, palabras sabias que harían en mi un concepto primordial para mi triunfo como mujer, como guerrera arrebatando lo que me pertenecía aunque en ese momento no lo sabía.

Todo comenzó a suceder tan rápidamente, Dios me lleva a aprender a valorarme, a mí misma y a hacer todo lo posible por perdonar a los padres de mis hijos, y una madrugada le dije: "ya Padre mío estoy lista, dame a mi esposo y te prometo que si tú me lo das lo cuidare como polvo de oro."

Al poco tiempo de esto, gracias a la intervención de mi hijo Charlie, quien consideraba que yo era joven y todavía merecía una oportunidad se da a la tarea de servir de mediador y me registro sin mi permiso en una página de parejas, en la cual yo ni estaba enterada, pero de allí surgió algo tan bello, conocí solo a uno el que era para mí, de esa manera tan impensable llega a mi vida Marco. En el primer momento que nos vimos entendí que era el esposo que yo le había pedido a mi Dios ya que dentro de mi algo me lo confirmaba, era el, así como yo lo pedí desde sus facciones, el color de su piel, su estatura perfecta, sus brazos Fuertes y rostro bondadoso, educado, amoroso, gentil, me abría la puerta del auto, yo no podía creerlo.

Bendigo aquel día en que nos vimos por primera vez, un doce de mayo, fue hermoso. Ese mismo día fue a conocer a nuestro mediador Charlie y entre ellos surgió una Amistad irrompible, una complicidad que nunca espere entre ellos hasta el día de hoy son como Batman y Robín o algo así. En cuanto a mis otros hijos inmediatamente lo aceptaron, y poco a poco fuimos formando una familia, nos mudamos a una casita y luego a otra, cada cosa que ha escrito nuestra historia es Hermosa, incluyendo las pruebas que hemos tenido que sobre llevar juntos.

En el tiempo que nos mudamos juntos a la primera casa todavía mi felicidad no era completa puesto que Misaí todavía seguía en Guatemala, y una madre no puede ser feliz teniendo a sus hijos distribuidos, mi corazón seguía incompleto, mis suspiros seguían entristecidos por aquel que faltaba bajo mis alas de mama gallinita. Pero al poco tiempo unos meses y se nos dio la oportunidad de reunir a la familia y un 29 de septiembre de 2010 ocurrió el milagro complete en mi vida: llegó mi hijo, lo estreché entre mis brazos con cuidado porque venía Delgado, cansado con llagas en sus pies, hambriento y asustado, como un niño abandonado, pequeño de estatura, pero con ansias de recuperar el tiempo perdido entre él y nosotros. Dios puso los medios necesarios, personas en el camino como su amigo Alex quien lo acompaño en todo tiempo.

El propósito de la venida de Misaí no era solo unirnos como familia ya que, en la ciudad de Miami tan conocida por su vida nocturna y la gente cálida multicultural, también es una ciudad agitada donde no existe un afán de la búsqueda de Dios. A pesar de eso yo había tratado de incorporarme a alguna iglesia, pero por una u otra razón no lo lograba, o por el trabajo o por otras razones, una de ellas era que siempre me relacionaba con personas que no eran cristianas en mi trabajo y eso a la larga me alejo.

A los pocos días de haber llegado Misaí lo primero que hizo fue buscar una iglesia, esa mañana el salió en su bicicleta a recorrer el área cerca de casa para ir a buscar un trabajo al menos temporal mientras lograba encontrar algo que le gustara, pero en lugar de eso encontró un rotulo que decía Ministerio la palabra de Dios y tomo la decisión de entrar y según me cuenta se sintió bienvenido. Allí en esa pequeña iglesia encontró gente amable y la presencia del Señor, y a los pocos días recibí la visita del Pastor José Luis acompañado de dos fieles de la iglesia quienes llegaron a invitar al resto de la familia. Yo me sentí muy contenta de tener visita en mi hogar ya que no era algo común en mi vida cotidiana. Aproveché el momento para pedirles oración, porque por muchos años sufría de pesadillas donde me trataban de asfixiar apretando mi cuello, y ¿cómo no tener ese tipo de sueños, con todo lo vivido anteriormente?, y así fue oraron por mí y nunca más volví a soñar con aquellos terribles personajes. Esa fue la señal en mi corazón de que aquella iglesia, era la que yo debía frecuentar, y así lo comenzamos a hacer.

Pasaron los meses y de vez en vez íbamos mi esposo y yo a la iglesia sentándonos en las sillas de atrás, yo disfrutaba de los mensajes y el amor de la gente que allí estaba, pero lo que nadie sabía es que yo no estaba comprometida a ser totalmente sierva de

Cristo, estaba en la silla calladamente y a la vez si mi esposo y yo queríamos ir al casino o a festejar si éramos invitados a algún cumple año o algo parecido también íbamos y tomada alguna copita de vino o algún trago preparado ya que nunca fui de tomar y mi esposo tampoco pero si mis piecitos bailaban hasta solos.

Cosa a parte no me gustaba diezmar y lo hacía cuando yo consideraba que podía, mis trabajos eran por comisión la mayoría de las veces, trabajaba de manager en una empresa de mercadeo, donde se mentía a groso modo para vender. Yo no vendía, sino que hacía que los clientes pasaran por mí como un filtro y explicaba sobre el producto, sin embargo, tengo que admitir que "hechor" y "consentidor" pecan igual.

Fue un 12 de junio aquel día que jamás olvidare, mi hijo Charlie mi pequeño tenía dos días de estar con un dolor de estómago que no le mejoraba a pesar de darle mis remedios caseros, y pensar que a lo mejor exageraba como en otras ocasiones lo hizo para faltar al a escuela, ese día al verlo levantarse con dificultad lo lleve al médico y para mi sorpresa era un problema de apendicitis y me Mandan con el de emergencia al hospital pero el en camino pase a casa a recoger un abrigo ya que el Miami Children's Hospital me quedaba a dos cuadras de mi casa aproximadamente y en camino Marco y yo lo llevamos a emergencias donde esperamos mucho tiempo ya varias horas a pesar de llevar una nota del médico indicando había que operar de inmediato, y para cuando los médicos vieron el resultado de los análisis ya el apéndice estaba roto, y se convirtió en Peritonitis, lo internaron por 27 días sin operarlo, el mantenía aquel veneno dentro de su cuerpo y a base de muchos antibióticos durante ese tiempo tan largo permaneció allí sin quejarse y siempre calmado como es mi hijo generalmente. Lo mandaron a casa sin medicamentos y con una cita posterior para hacerle la cirugía, pero al tercer día mi hijo empeoró con Dolores extremadamente grandes peores que al inicio y corremos de madrugada nuevamente al hospital donde lo vuelven a internar y entonces adelantan la cirugía. Esa noche mi esposo se queda a acompañarlo y pasa la noche con mucho dolor, era algo extraño, pero se supuso debía mejorar, a la noche siguiente mi hijo Christian me dice: "mami ve a descansar, yo me quedo con él", y en verdad me sentía inquieta, pero Marco, mi amado esposo me convence de ir al menos unas horas a dormir, cuando estábamos en el parqueo escuche la voz de mi hijito llamarme y me inquiete más todavía, me fui a casa a bañarme y descansar un ratito cuando mi hijo Christian me llama y me dice que mejor debía regresar porque Charlie estaba con síntomas extraños.

Volví y me quedé con él, y en un momento me dice: "mami, ¿Escuchas la música?" Pero no había tal música, en ese momento el escuchaba música celestial. Fue en ese instante que mi hijo comenzó a saltar con grandes convulsiones, estaba teniendo un infarto. La situación de mi hijo no mejoraba, permaneció en coma dos veces, ya los médicos no sabían que hacer. Tenía hematomas grandes en su interior. Sin embargo, en un momento logran establecerlo y lo mandan a casa nuevamente. Durmió allí con nosotros, pero pasó una muy mala noche. Al día siguiente ya no podía ni pararse de los dolores terribles y volvemos por tercera vez al hospital y lo internan una vez más, pero esta vez ya nada parecía tener buen pronóstico, yo no sabía que solo esperaban el final, pero yo no me daba por vencida, a pesar de mi aspecto callado yo siempre decía "Dios se va a manifestar, yo soy una mujer de fe". Mis hermanos de la iglesia estuvieron siempre apoyándome en oración en el templo y visitándonos en el hospital. Mis pastores me ofrecieron un apoyo incondicional. La Pastora hasta se quedó en pie una noche entera en el intensivo del hospital con mi hijo orando constantemente por él y cantándole cantos que relajaban el alma de mi bebé.

Aquel día gris sin esperanza tomé el auto y me dirigí a mi trabajo donde me encargaba de atender reservaciones hoteleras, había mejorado el área de mi trabajo, pero en el camino encendí la radio y escuché la canción "hijo mío" de Silvana Armentano y detuve el auto a media calle y a gritos le dije a mi Señor:

"¡Padre! yo reconozco que mis hijos no son míos, sino tuyos, todo te pertenece, pero quiero hacer pacto contigo es entre tú y yo, déjame ver a mis hijos crecer, hacer su hogar, verlos hombres exitosos, ¡préstame a mi hijo Charlie un poco más y yo te prometo poner mi vida en orden y serte fiel en todo!".

Me di la vuelta y regrese al hospital, llame a mis pastores y allí nos reunimos. Ellos oraron por él, y mi pastora se da cuenta que yo no imponía manos sobre mi hijo y me pregunta ¿por qué? Y le respondí que me sentía no autorizada porque aún no estaba casada con Marco y ella reprendiéndome con amor me hace ver la autoridad que tengo como madre de arrebatar a mi hijo de las garras del enemigo. Esa lección marco mi vida como madre cristiana y fue lo primero que aprendí a hacer como guerrera. Dios bendiga a mi pastor por aquella gran enseñanza. Esa misma tarde estaba en el hospital una doctora y al ver a mi hijo, se sorprendió muchísimo ella no era la doctora de mi hijo, me llamo a solas y me dice "su hijo Carlos no está nada bien, el no pasa de esta noche, le pido me deje operarlo nuevamente, será una exploración, ya que si lo opero tengo 50% probabilidades de salvarlo" Tomándole las manos la bendije y le di mi autorización firmando documentos. Ella hace todas las gestiones necesarias y la cirugía que tomaría dos horas se demoró seis horas, seis largas y angustiantes horas.

Llegó mi esposo y ya los dos esperamos paciente- mente, se abre la puerta y sale la doctora y nos da una mirada brillante, con la impresión más grande que había llevado en toda su vida de médico cirujano, sus palabras fueron, "en toda mi carrera jamás había tenido un caso como este tan extremo, ya su hijo tenía muerte interna, gran parte de sus intestinos gangrenados; era tan seria la gravedad de su hijo, que no pudimos volver a conectar sus intestinos ya que no podíamos suturar, todo su interior parecía una gelatina". Ni esta doctora y tampoco todos los médicos que asistieron a mi hijo sabían cómo seguía vivo, más bien, yo si lo sabía y con gran certeza era Jehová de los Ejércitos quien tenía la última palabra. Déjame decirte mi amado lector, es bonito leer los cuentos con finales felices, pero si esta historia mía, termina en un final feliz, es porque Cristo tomo el primer lugar en mi vida, hice pacto de obediencia y sumisión, y por eso El me bendijo, ya que me prestó a mi hijo por más tiempo. Los cuatro varones que Dios me dio son una bendición en mi vida, ellos fueron mi motor en el comienzo de esta historia que me acercaron a Dios, cada uno cumplió su función como Dios así lo permitió. A partir de esto me convertí en otra persona, saque el pie que tenia del otro lado, allá en el mundo y me convertí en una hija de Dios, enamorada de mi Cristo, llorándole de agradecimiento por su gran misericordia y su bondad además de la grandeza de sus proezas, de los Milagros que ya había hecho en mí y en mis hijitos todavía El mi gran Señor el hacedor de todo y el que todo lo puede me seguiría demostrando todo su amor. Dejé de faltar tanto a los servicios, me convertí en una sedienta de conocimiento, adicta a la unción del Espíritu Santo.   Me he alimentado de su presencia desde que aprendí que a Dios lo puedo sentir en mí dentro de mí y alrededor de mí tal como lo dice en su palabra:

«Yo a la verdad os bautizo en agua para arrepentimiento; mas el que viene tras mí, más poderoso es que yo; los zapatos del cual yo no soy digno de llevar; él [Jesús] os bautizará en Espíritu Santo y en fuego.» Mateo 3:11

«Respondió Jesús: De cierto, de cierto te digo, que el que no naciere de agua y del Espíritu, no puede entrar en el reino de Dios...» Juan 3:5 «...Y si alguno no tiene el

Espíritu de Cristo, el tal no es de él.» Romanos 8:9

La Palabra de Dios muestra que todo aquel que quiera gozar de la vida eternal debe recibir Su Espíritu Santo.   «A los discípulos se les ordenó permanecer en Jerusalén hasta que el Espíritu Santo se posara sobre ellos.» Lucas 24:49 «El Espíritu Santo aporta el poder de Dios en la vida de las personas.» Hechos 1:8

«Y yo os digo: Pedid, y se os dará; buscad, y hallaréis; llamad, y os será abierto. Porque todo aquel que pide, recibe; y el que busca, halla; y al que llama, se abre. ¿Y cuál padre de vosotros, si su hijo le pidiere pan, le dará una piedra?, o, si pescado, ¿en lugar de pescado, le dará una serpiente? O, si le pidiere un huevo, ¿le dará un escorpión? Pues si vosotros, siendo malos, sabéis dar buenas dádivas a vuestros hijos, ¿cuánto más vuestro Padre celestial dará el Espíritu Santo a los que lo pidieren de él?» Lucas 11:9-13

«Y fueron todos llenos del Espíritu Santo, y comenzaron a hablar en otras lenguas, como el Espíritu les daba que hablasen.»

Hechos 2:4

Capítulo 16

"El Reto"

«Mi amado es mío

y yo suya soy», dijo la novia...

Dios lo había escogido antes de nacer,

mas él no lo sabía que en sus planes estaba.
En el camino nos encontramos

para aprender.

Sí, aprender a amarnos

y amar a nuestro buen Dios.

Dios me enseñó a vivir diferente. Encontré una felicidad que no había conocido nunca antes en mi vida. Me pasó como a Job: de oídas le conocía, mas no lo había visto. Hoy he visto el mando de Jehová moviéndose en mí y a mí alrededor.

Después de la sanidad de mi hijo, me pasé de ser una mujer pasiva a una mujer de fe. Al hacer pacto de obediencia a Dios, mi vida comenzó a cambiar para convertirme en un vaso útil para Él.

Mi esposo, Marco, en el transcurso del tiempo comenzó a darse cuenta de que su compañera perfecta ya no existía.

Marco conocía una esposa que se podría catalogar de buena.

¿Asistía a la iglesia? Sí. ¿Daba ofrendas? Sí. ¿Tenía una conducta adecuada? Sí. ¿Era una buena amiga? Claro que sí. ¿Era leal a mi esposo? Por supuesto. ¿Buena madre? Intentaba serlo; me equivoqué pero tenía el amor y respeto de mis hijos. El problema era que no tenía una vida íntegra como hija de Dios, de aquel Dios viviente que todo lo ve y todo lo conoce. Al igual que muchas personas en el mundo, yo no había soltado ciertas cosas del mundo.

Por ejemplo, a me gustaba bailar de vez en cuando, tomarme una copita de vino de vez en cuando… Ah y acompañar a mi esposo al casino, con la excusa de que una buena esposa va a todos lados con su esposo; pero después terminaba también jugando en el casino. También, existían otras cosas que me mantenían alejada de Dios. Trabajaba en un lugar donde yo no mentía, pero el pretexto en el ambiente de trabajo era: «mentir para vender». Escuchaba que los demás decían que «la venta es ilusión» y que debíamos «vender ilusiones». Yo no era vendedora, era una verificadora de control de calidad, y según yo, hacía bien mi trabajo diciendo la verdad del producto que el cliente recibiría; pero no lo hacía, estoy segura esto no era del agrado de Dios.

Oré a Dios para entregarle estas áreas de mi vida y para pedirle que me ayudara a encontrar una salida. Cuando sentí que era el tiempo propicio, renuncié a aquel trabajo y obedecí a Dios. Mi esposo me incentivó a trabajar en ese mismo negocio, pero desde mi casa y de manera honesta. Me lancé a hacerlo por mi propia cuenta con el apoyo de mi esposo y con la fe en la promesa de Dios de encargarse de todo en mi vida si yo le obedecía.

Comenzar con cero dólares es complicado para el ojo humano, pero hasta el día de hoy, Dios me ha sostenido y bendecido mi negocio.

También dejé de asistir al casino con mi esposo. Él se sintió al inicio liberado y después abandonado. Ordené mi vida otras áreas, comencé siendo fiel en mis diezmos y ofrendas, sembrando en la obra del Señor, también asumí un lugar como intercesora de los demás que estaban en necesidad, ya sea que los conociese o no, como hasta la fecha lo sigo haciendo; sigo orando por todo y todos, incluyéndote a ti, que lees esta porción de mi historia. Pasé a formar parte activa en todo lo que se me permitiera como privilegio. Pronto esto comenzó a tener resultados. La unción del Espíritu Santo se fue mostró a modo de don profético, a pesar de ser yo la más callada y tímida de la congregación; cada vez que yo no manifestaba la palabra que Dios quería, me daba un dolor en el pecho como si me fuera a dar un infarto. Gracias a la guía de mis pastores Álvarez, y mis guías espirituales, los hermanos Gutierrez, entendí que Dios quería usarme y Él mismo me recordó el pacto de obediencia que le hice.

Agradezco tanto a mi Señor por encontrar gracia en mí, su sierva más pequeña; con un toque de Su Espíritu, en medio de la congregación cayó sobre mí un fuego divino y sentí cómo mi alma se levantó y se conectó con mi Dios, y salía de mi boca un viento con una nota musical divina. Era mi alma adorando al Señor como el canto de un ángel, tan fuerte era que apagaba todo sonido de bocina en aquel templo, y desde entonces lo adoro intensamente

—¡Él está vivo! —eran las palabras que salían de mi boca.

Cuando pienso en ese momento, me quebranto. Por otra parte, el enemigo se levantó contra mí. Para esas fechas, mi esposo y yo solo convivíamos, no nos habíamos casado ante los ojos de Dios ni ante la ley. Poco a poco me sometí en respeto y obediencia a mi esposo para no contradecirle cuando él no entendía mi cambio, él decía que me había convertido en una fanática y mi actitud fue irme al altar a llorarle a mi Padre Celestial, le dije:

—¡Señor! Yo estoy segura que tú me diste a este hombre y yo te lo entrego en tus manos. Susúrrale al oído, háblale en los sueños dile que tú eres el Dios altísimo a quien yo amo más que a mí misma.

En respuesta, me dio una visión y vi a mi esposo y mis hijos llorando en adoración al Señor. En ese momento, le agradecí y callé. La misma semana fueron a visitarme los hermanos Gutiérrez y por medio de ellos, Dios me confirmó la visión; ellos me dijeron que en menos de un año, mi esposo adoraría y obedecería a Dios.

Yo sabía en quién creía y me aferré a esa promesa. Cada vez que algo sucedía y me sentía un poco frágil, corría a Su presencia y le recordaba

—¡Padre! Tú me lo prometiste, ¡yo sigo creyendo en ti!

Un día de esos típicos días calurosos de Miami, nos dirigíamos a un lugar y salió nuevamente el tema de mis frecuentes asistencias a la iglesia y lo fastidiado que estaba mi esposo. Cuando menos lo esperaba, escucho de su boca las palabras:

—Hasta que no vea yo con mis propios ojos un milagro de tu Dios, no le creeré. Si yo veo el milagro ante mí, sí creeré.

Le respondí:

—Ayyy, mi amor, no sabes a quién acabas de retar; puede ser que toque a alguien a quien tu ames mucho para mostrarte Su poder infinito.

Ingenua yo al decir eso, puesto que no sabía que ese alguien era yo misma. Días después comencé a sentirme mal de salud, sentía un estorbo en mi garganta, como si algo crecía y me molestaba tanto que no podía comer, tomar líquidos ni dormir. Pronto se veían unas bolas en mi cuello que me hacían doler también el oído y la cabeza. Fue una terrible experiencia. Cuando fuimos al médico, el resultado fue alarmante: un tumor ubicado en el área de la tiroides. Este nódulo sólido crecía aceleradamente. Me enviaron a distintos médicos y me hicieron exámenes de toda clase, y al término de dos meses ya no podía hablar ni levantarme de la cama sin ayuda; aquellos terribles dolores no calmaban ni con los medicamentos.

Me llegué a sentir presa en mi propio cuerpo, las pocas horas que dormía tenía terribles pesadillas donde había oscuridad, inmundicia y lamentos, parecía como si visitara el infierno en esos sueños que yo no podía controlar. Una noche no podía respirar normal, mi esposo y mis hijos tomaron la decisión de llevarme al hospital a emergencias y en ese momento hubo un estallido en mi casa y la electricidad se fue... Lo raro es que se fue solo en mi casa. Llamaron a la compañía eléctrica y yo les pedí que no me lleven a Ningún lado porque la situación era extraña. La electricidad volvió y apareció un viento recio alrededor de mi casa, hubo otro estallido y la luz se fue. La compañía dijo que no sabían por qué sucedía eso y que todo debía estar bien. En ese instante entendí lo que pasaba: el enemigo disfrutaba tenerme postrada en cama, y si yo buscaba ayuda y obedecía el plan que Dios tenía para mí, sería un testimonio y arrebataríamos un alma para Cristo.

Pese a mi negativa, mi esposo me llevó a emergencia. En el hospital me dijeron que mi condición había empeorado y me enviaron al especialista. El tumor crecía velozmente y tenía fluidos que no identificaban. Hice un esfuerzo y envié un mensaje de texto a mis pastores y hermanos en Cristo, quienes de inmediato se pusieron a orar, a reprender y a declarar sanidad en mí.

La noche siguiente, ya en casa, cuando aún seguía en cama, llegó a orar por mí la hermana Lucy y los hermanos Gutiérrez. Fui a recostarme en el sofá de la sala, y cuando comenzaron a orar, sentí que me moría, que me hundían en la profundidad de las aguas, no podía respirar y les grité para que se callaran porque sus voces me dolían. Mi esposo estaba en nuestra habitación para no presenciar lo que sucedía porque él creía que mi fe en Cristo nos estaba separando. Tocaron a su puerta y le pidieron les permitiera entrar a la habitación a orar. Cuando me vio, según me contaron después, se impresionó mucho porque yo lloraba y me retorcía del dolor. Las hermanas Vilma y Lucy oraban por mí de una manera fuerte, reprendiendo todo espíritu inmundo que me hubiera atacado. En eso, sentí como que algo me abandonó y era libre.

Logré abrir los ojos y ponerme en pie, ya no estaba mareada ni tenía dolor: el tumor había desaparecido. Me puse a brincar y alabar a mi Señor, mi sanador.

Salí de la habitación y lo primero que vi fue a mi esposo con el rostro desencajado. Le tomé la mano y la puse en mi cuello, él revisó por todos lados y no encontró nada. En ese momento dijo:

—Reconozco que Dios sí existe.

Hizo la oración de fe, y así fue como vencimos y arrebatamos esa alma preciosa para Cristo. En todo había un propósito, puesto que la voluntad de Dios es que todas las almas seamos salvas y que nadie vaya al infierno.

Capítulo 17

"Mi Boda Soñada"

No lloro más pues tú me consolaste,

A mi padre busqué y a ti te encontré,

mis lágrimas secaste

con tus manos amorosas,

de blanco me vestiste

y al altar me llevaste.

Era un día ajetreado por los preparativos y corazones palpitantes de felicidad. No podía darme cuenta de lo que realmente ocurría. Aquella mujer qué no fue de nadie, aquella bebé que fue pronosticado por su abuelita que vendría al mundo solo a sufrir, la menospreciada y abusada por todo el que se lo proponía, aquella que soñaba con un día ser libre y feliz, ahora estaba preparando su bodas con el amor de su vida, el hombre que Dios había guardado para ella.

No lo planifiqué de la manera que ocurrió, pero Dios tenía una gran sorpresa para mí. Estaba en la iglesia, vestida de blanco, saliendo del brazo de mi hijo mayor, Christian, quien había sido mi compañero en las buenas y malas. Era él quien me entregaría ese día en los brazos de mi amado.

—Mami, yo pedía a Dios este día llegara porque usted merece ser feliz y valorada, pero no pensé que sería de esta manera — me dijo Christian, nervioso y con un brillo de felicidad en sus ojos. —Hijo, vencimos, Dios peleó por nosotros y vencimos al diablo, ¡le ganamos! —le respondí.

El salón estaba lleno de todos los que compartían aquella felicidad conmigo y mi esposo, estaban mis cuatro hijos que formaban parte del cortejo con unas bellas princesas junto a ellos. Estaban vestidos de gala y ellas con vestidos verdes que les hacían lucir como de la realeza. Mi suegra, a pesar de su edad, viajó doce horas desde Suecia para honrarnos con su presencia y bendición. También estaban nuestros padrinos y pastores y demás invitados. Las mesas estaban cubiertas con manteles blancos y dorado. Yo, temblando como una gelatina, sentía el ramo más pesado de lo que realmente era. Estábamos ante la presencia del Señor prometiendo amarnos para toda la vida, cerrando un capítulo de mi vida que se había extendido demasiado.

Aquel día rompimos las cadenas de esclavitud generacional en mi familia, les di a mis hijos un futuro mejor y un ejemplo de que en la vida debemos sembrar amor para poder cosechar lo mismo, que no hay que rendirse ante nada y que siempre Dios ha sido nuestro Padre, proveedor y protector. Al volver de nuestra corta luna de miel, fuimos a la iglesia a una reunión de líderes, y mi esposo me dijo: —Pero la líder eres tú, mi amor, yo solo soy tu acompañante. Él no sabía la sorpresa que había preparado. En los días de planeamiento de la boda, a mi esposo comenzó a dolerle el hombro y le molestaba terriblemente. Así que cuando terminó la reunión, le sugerí que permitiera que el pastor ore por él. Gracias a Dios, accedió, y fue allí cuando mi esposo recibió la unción del Espíritu Santo, cayó al suelo, sin poder tomar control de su peso, y exclamó:

—Dios existe. ¡Dios sí existe!

No puedo decir que todo ha sido fácil, pero sí puedo afirmar que hemos crecido paso a paso, que servimos a Cristo con un corazón ferviente y que mi casa y yo serviremos a Jehová todos los días de nuestra vida.- En Dios todo se puede. Dios nos libera, nos cuida y nos lleva de su mano si se lo permitimos. Comparto mi historia porque quiero que sepas que Dios es todo lo que necesitamos para poder romper las barreras, para cambiar el destino, así hayan declarado sobre ti la peor palabra de destrucción. Su Palabra dice que ningún decreto realizado contra ti podrá tener efecto porque Jehová es quien levanta una valla alrededor nuestro. Aférrate al Dios amoroso que yo conocí, no esperes que la vida te empuje a circunstancias terribles y destructivas para levantar tu mano y pedir ayuda a quien siempre está esperando para amarte.

Sí, yo era aquella nenita que lloró en el vientre de mi madre. Sí, soy yo quien vivió esta historia y sigo viviendo una bella historia porque Dios me dio la gran oportunidad de cambiar todo mi destino.

Te bendigo, en el nombre de Jesús, y decreto sobre ti todas las bendiciones que hay en la Biblia. Abre a Dios tu corazón, ya que «de tal manera amó Dios al mundo, que ha dado a su Hijo unigénito, para que todo aquel que en él cree, no se pierda, más tenga vida eterna» (Juan 3:16).

"Te invito a hacer una pequeña oración para que Jesús reine en tu vida y tu llanto se convierta en gozo; tú lamento en baile y salgas de la oscuridad a la luz:

Señor Jesús, yo reconozco que tú eres mi Señor y Salvador y que moriste en la cruz para el perdón de mis pecados y la sanidad de mi alma. Te entrego mi corazón para que vivas en él y perdones mis pecados, enséñame a ser como tú quieres que sea y escribe mi nombre en el libro de la vida. Amén".

"EL primer llanto de mi vida antes de nacer era desde la profundidad del vientre de mi madre gritando "mamá, ¿dónde está mi papá?"

Y en el paso de los años esa era mi búsqueda, y en un altar en medio de oración y unción del Espíritu Santo escuche la voz de mi Señor que me dijo "Yo soy tu padre, Yo soy quien cuido y he cuidado de ti, Yo soy Jehová tu hacedor y proveedor."

¡Que dicha tan grande soy hija de un rey! y ¡Sabes que tú también lo eres! Te amo en el amor de Jesucristo, y te bendigo en el nombre de Jesús.

Epílogo

Mi vida en papel y tinta, para que en palabras sencillas te des cuenta qué fácil se hacen ataduras generacionales; pero también para que veas cómo Dios puede liberarte a ti y los tuyos de todas ellas.

¿Sabes cuál es la dicha de no tener un padre terrenal?

Que sólo le dices «Padre»

"A aquel que sí lo merece".

Angélica de Paz de Vergara.

ACERCA DE LA AUTORA

Angélica María de Paz es de origen guatemalteco. Es profesional en contabilidad, además estudió consejería cristiana y tiene un grado asociado en psicología en la Universidad Actus. Es colaboradora de la Fundación Darditos de Bendición en Estados Unidos que ayuda a los niños y personas en necesidad en Guatemala. Actualmente vive en Florida, Estados Unidos con su esposo e hijos.

Más información visita:
www.verpazeditorial.com